플라톤의 국가

EBS 오늘 읽는 클래식

플라톤의 국가

정의에 이르는 길

한국철학사상연구회 기획 | 김주일 지음

EBS
BOOKS

서문

플라톤은 우리에게 어떤 이미지를 가진 철학자일까? 이데아 이론을 주창한 고고한 이상의 철학자 이미지일까? 라파엘로의 〈아테네 학당〉에 그려진 플라톤의 모습은 그런 이미지를 잘 보여준다. 하지만 플라톤의 『국가』를 읽어보면 그런 고고한 이미지보다는 남루하고 비참한 현실을 외면하지 않고 고스란히 드러내며, 우리의 참담한 삶이 향해야 할 곳을 제시하려 고군분투하는 개혁가의 모습이 떠오른다. 사실 이런 그의 두 가지 모습은 상반되었다기보다는 이상을 향해 현실을 이끌어가려는 철학적 노력의 결과물일 것이다. 플라톤의 이데아(idea)가

이상(ideal)의 어원이 되었듯이 그의 실천철학은 이론철학의 결과물이고 이론철학은 실천을 위한 도구다. 그래서 『국가』의 이상국가는 한바탕 아름다운 꿈에 그치는 것이 아니고, 잘못된 현실의 근본 원인을 들춰내며 인간과 사회의 뿌리 깊은 어둠을 직시함으로써 구축한 실천의 지향점이다. 이렇듯, 플라톤 철학은 어느 하나 우리 삶과 무관한 것이 없다. 그는 아테네의 명망가 출신으로 어려서부터 정치가를 꿈꿨다고 한다. 그러나 플라톤은 갓 청년의 나이에 접어들어 만났던 평생 스승 소크라테스를 민주주의의 재판정에서 언도받은 사형 선고로 잃었다. 그러니 그의 철학의 출발이 실천적인 것은 당연한 일이다. 하지만 스승의 삶과 죽음을 온전히 이해하기 위해서 플라톤에게는 이데아론을 비롯한 형이상학이 필요했다. 스승을 이해하는 것은 인간을 이해하는 것이고 세상과 우주를 이해하는 것이기 때문이었다.

그런 의미에서 『국가』는 인간과 사회에 대한 그의 철학적 이해가 하나의 산을 이룬 작품이다. 플라톤은 초기 대화편 형식으로 구성된 1권에서 대화 상대자들과 정의에 대해 촘촘한 논의를 주고받으며 앞으로 풀어갈 문젯거리들을 꼼꼼하게 배치한다. 그러고 난 후, 정의로운 인간과 정의로운 국가를 소우주와 대우주로 대비해 이쪽과 저쪽을 오가며 2권부터 그간 축적한 형이상학과 윤리학, 정치철학을 펼치며 문제들을 풀어나간다. 국가를 정의의 자리에 단단히 위치시켜 이후 누구도 국가를 논하면서 정의의 문제를 언급하지 않을 수 없게 만든 것이 『국가』다. 플라톤이 비록 아테네와 그리스를 이상국가로 만들지는 못했어도 그가 말로 지은 『국가』는 모두의 머릿속에 우뚝 솟았다. 지상에서 도서관이 불타 없어진다면 꺼내올 책 100권 중 하나로 『국가』가 꼽혔다는 이야기를 들은 적이 있다. 100권이 아니라 50권으로 줄여도 『국가』는 남을 것이다. 인간이 혼자 살 수 없고, 어떤 형식으로든 공동체를 이루어 사는 한, 그 공동체를 이해하고 방향을 설정하는 첫걸음은 『국가』를 읽는 것이어야 하기 때문이다.

『국가』를 소개하고 해설하는 이 책을 독자가 읽는 이유 중 하나는 아마 이 책을 통해 『국가』에 어떤 내용이 있는지를 굳이 원전을 읽지 않고도 알 수 있기를 기대하기 때문일 것이다. 하지만 나는 독자가 이 책을 읽고 원전을 읽고 싶은 욕구를 갖기를 기대한다. 여기서 이 책을 잘 쓰기 쉽지 않은 이유가 생긴다. 내용을 잘 요약·정리하면 할수록 독자가 좋은 책을 읽게 하고 싶다는 나의 바람은 한 줄기 바람이 되어버릴 것이고, 내용 소개가 부실하면 독자의 불만은 불매로 이어질 테니까. 그래서 이제 본격적으로 『국가』에 대해 이야기하기 앞서 미리 알

려드릴 사항이 있다. 우선 나는 『국가』 전반을 골고루 요약 · 정리해서 전체를 독자에게 이해시키려 하지 않으려고 한다. 그것은 원전을 읽고 싶어하는 독자의 몫으로 남겨둔다. 대신 큰 줄거리를 보여주면서 논의가 연결되고 발전되어 전개되는 지점에 설명의 초점을 맞추고, 그냥 보아서는 이해하기 어려운 구절들을 앞뒤 문맥을 맞춰 설명할 뿐만 아니라, 『국가』 이외의 플라톤의 저술들과 그밖의 그리스 철학과 문화 전반에 대한 이야기를 하고자 한다. 그래서 독자가 『국가』를 자세하게 읽고 싶은 욕구를 갖게 함과 아울러 정작 원전을 읽으면서 옆에 두고 참고할 책으로도 활용되었으면 하는 게 나의 욕심이다. 그래서 나는 이 책이 『국가』를 위한 서설쯤 되었으면 하는 바람을 갖는다.

서역 땅 저 끝에서 생겨나 수천 년 동안 빛이 바래지 않고 고전 중의 고전으로 남아 동아시아의 이 끝까지 전해진 고전에 대해 새삼스레 해설서를 쓴다는 것에 대해 일말의 변명이 없을 수 없다. 이 책이 들어가는 시리즈의 기획 의도가 인류사에 남는 위대한 고전들에 대해 조금은 부담감을 덜어주는 접근을 해보자는 것일 터이다. 거대한 작품에 대해 소소한 접근을 하자니 쉽지는 않았다. 그래서 최대한 욕심을 버리고 독자가 한 걸음쯤 『국가』에 발을 들이는 것을 돕는 것으로 만족하기로 했지만, 그것 역시 제대로 이루었는지는 모르겠다. 이런 저런 일로 많이 늦어진 원고를 기다려준 출판사에 감사의 마음을 보낸다.

2022년 12월

김주일

차례

3장 철학의 이정표

일러두기

1. 『국가』의 인용은 필자가 포함된 정암학당의 『국가』 공동번역자들의 초역을 사용했으며, 일부 필자가 수정했다. 그밖에 인용된 문장 중 별도의 인용 표기가 없는 경우는 모두 필자의 번역이다.

2. 『국가』 본문의 인용문 또는 요약문 뒤에 붙인 기호는 플라톤 원문 쪽수 표기의 표준으로 사용되는 스테파누스 페이지이다. 이 페이지는 대개 플라톤 저작의 번역문에는 각기 왼쪽 면의 왼쪽 여백과 오른쪽 면의 오른쪽 면에 표기되어 있다.

3. 고유명사 표기는 큰 틀에서는 국립국어원의 표준적 방식을 따르되, 그리스어 윕실론(로마자로 'y'로 표기)은 '이'로 읽는 방식이 아닌 '위'로 읽는 방식을 따랐다. 다만 '이'로 읽는 데 익숙해진 몇몇 경우는 일반적인 방식을 따랐다. 예) 피타고라스(Pythagoras).

1장

플라톤, 국가에 오르다

나라에서 산다는 것의 의미

    '인간은 사회적 동물이다'라는 말이 있다. 그리스의 철학자 아리스토텔레스(Aristotelēs, 기원전 384~322)가 했다고 한다. 그런데 '인간은 정치적 동물이다'라는 말도 아리스토텔레스가 했다고 한다. 아리스토텔레스가 두 가지 말을 다 한 것일까? 그렇지는 않다. 독일 출신으로 미국에서 활동한 철학자 한나 아렌트에 따르면 '인간은 사회적 동물이다'라는 말은 로마의 철학자 세네카가 아리스토텔레스가 한 '인간은 정치적 동물이다'라는 말을 라틴어로 번역하면서 생긴 말이라고 한다. 라틴

한나 아렌트

독일 쾨니히스베르크 출신의 정치철학자로 유태인이었던 한나 아렌트(Hannah Arendt, 1906~1975)는 1933년 프랑스로 망명했고, 1941년 프랑스가 독일에 점령당하자 미국으로 망명했다. 세네카와 관련된 언급은 그녀의 대표작 중 하나인 『인간의 조건』에 나온다. 이 작품에서 그녀는 고대 그리스 철학을 원용해 노동, 작업, 행위를 구분하고 인간의 정치적 삶의 중요성을 역설했다.

어로는 'Homo sit naturaliter animal socialis', 즉 '인간은 본래 사회적 동물이다'라는 말이다. 'socialis'는 현재 영어 'social(사회적)'의 어원이 되는 말이라 우리에게 이렇게 전해진 것이다. 그런데 본래 그리스어는 'ho anthrōpos physei politikon zōon', 즉 '인간은 본래 정치적 동물이다'라고 되어 있다. '정치적(politikon)'이라는 말이 '사회적(socialis)'이란 말로 번역된 것이다. 그런데 우리말로만 봐도 '정치적=사회적'일 것 같지는 않다. 정치와 사회에 대한 긴 논의를 피하기 위해 본래 이 말이 각기 그리스와 로마에서 어떤 뜻으로 쓰였는지를 알아보자.

'폴리티콘'은 '폴리스'를 형용사형으로 만든 것이니 어근을 밝혀 적으면 '폴리스의', '폴리스적인'이 된다. 그리고 '소키알리스'는 '소키에타스'를 형용사형으로 만든 것이라서 역시 '소키에타스의', '소키아타스적인'이 된다. 그럼 이 말들의 어근이

· Concept Word ·

세네카

세네카(Lucius Annaeus Seneca, 기원전 4?~기원후 65)는 로마의 철학자, 정치가, 문학자이다. 스페인 출신으로 로마로 이주해 수사학과 철학을 배웠다. 49년 네로의 선생이 된 후로 55년에 집정관이 되는 등 정치적으로 승승장구했다. 65년 네로 황제의 암살 계획이 수포로 돌아간 후 사건에 연루되었다는 의심을 받고 네로의 강권으로 자살했다. 후기 스토아학파의 철학자로서 스토아학파의 학설을 담은 독창적인 저술들을 남겼으며 비극 작품도 여러 편 남겼다.

되는 '폴리스'와 '소키에타스'는 각기 무슨 뜻이었을까? 폴리스는 그리스 문화에 좀 관심이 있는 사람이면 낯익은 고대 그리스의 독특한 정치체제인데 '도시국가'라고도 번역한다. 그러니 아리스토텔레스의 말을 우리말로 번역하는 한 가지 방식은 '폴리스를 이루고 사는 동물'이라고 풀어서 번역하는 것이다. 다음 세네카의 번역은 같은 방식으로 '소키에타스를 이루고 사는 동물'이라고 할 수 있는데, 문제는 '소키에타스'가 본래 무슨 뜻이었는가이다. 'societas'의 어원은 'socius'에서 왔다고 하는데, '소키우스'는 '동료', '친구', '동맹'이라는 뜻이다. 따라서 세네카의 말은 '동료 또는 친구와 집단을 이루어 사는 동물'이라고 할 수 있다. 이렇게 보면 인간은 '군집 생활을 하는 동물' 중 하나가 된다. 물론 '동료'들이 모였다는 점에서 평등한 관계라는 특징을 더할 수는 있겠지만, 기본적으로 생존을 목적으로 모여 사는 동물이 인간이 된다. 라틴어에서 '소키에타스'는 특정한 목적을 위해 맺은 동맹이나 결사를 의미한다. 그래서 여기에 기원을 둔 영어의 'society'를 비롯한 서구어들은 '부에나 비스타 소셜 클럽' 같은 사교 클럽부터 시작해서 동아리 모임, 조직폭력배 같은 범죄 단체, 정당, 국가 등 다양한 집단을 포괄한다.

'societas'는 'socius'라는 어원이 있어서 의미를 쉽게 밝히지만, 'politikon'은 'polis'의 형용사형인데, 'polis'의 어원이 밝혀져 있지 않다. 그러니 이런 경우에는 그리스 사람들이 'politikon'으로 이해하는 의미들을 살펴봐야 한다. 사전에 보면 그 의미는 '시민에 관한', '정치가다운', '시민으로 이루어진', '공적인 삶과 관련된' 정도가 있다. 이 뜻들을 다소 거칠게 묶어보면 '시민의 삶을 살거나 시민으로 이루어진 공동체에서 살며, 공적인 삶과 관련해 정치적인 행위를 하는 동물'이라고 묶을 수 있겠다. 이렇게 되면 세네카의 번역과는 달리 아리스토텔레스의 말은 다른 동물과는 구분되는 인간만의 고유한 집단 생활의 특징을 담는다고 볼 수 있다. 이 말이 나온 아리스토텔레스의 『정치학』의 문맥을 보면 이 의미를 더 확연히 알 수 있다. 아리스토텔레스는 우리가 폴리스를 이뤄서 사는 것은 그저 살기 위해 그런 것이 아니라 '잘' 살기 위해서라고 한다. 그

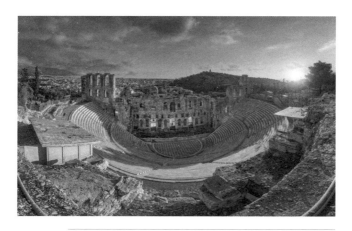

그리스 도시국가 아테네의 아크로폴리스 남쪽 사면에 있는 디오뉘소스 극장.

리고 여기서 '잘 산다'는 것은 부자로 사는 것이 아니라 인간
답게 사는 것을 말한다. 그러니 아리스토텔레스 생각에는 인
간이 인간답게 살려면 폴리스에서 공동체의 일을 하며 살아야
한다. 그냥 폴리스에서 사는 게 아니다. 즉 나라 안에 살면서
나라의 보호를 받으며 수동적으로 사는 게 아니다. 능동적으로
나라를 위해서 나랏일을 하며 사는 것이 잘 사는 것이고 그것
이 인간답게 사는 길이라는 것이 아리스토텔레스의 생각이다.

이제 다시 처음으로 돌아가자. 폴리스는 근대 국가와는 많
이 다른 정치체제이기는 했지만, 기본적으로 같은 것으로 보

자. 그렇다면 국가 또는 나라와 사회는 같은 것인가? 이것이 우리가 플라톤의 『국가』를 읽기 전에 먼저 생각해보아야 할 질문이다. 아리스토텔레스의 말과 그것의 세네카 번역을 비교해 살펴보면서 우리가 확인한 바에 따르면 둘은 다르다. 물론 플라톤이나 아리스토텔레스에게는 이런 질문이 허용되지 않는다. 고대 그리스어에는 사회에 해당하는 말이 없기 때문이다. 사실 우리에게도 100년 전에는 사회가 없었다. 일본인들의 번역으로 '사회'라는 말이 먼저 들어왔고, 그 다음에 사회가 생겼다고 봐야 할 것이다. 구락부 같은 것이 소규모의 사회일 것이다. 아리스토텔레스는 사회가 아니라 페르시아 같은 대제국과 폴리스를 비교했다. 그리고 그런 제국에서는 인간답게 살 수 없다고 했다. 사람은 공동체의 일을 하면서 자신의 덕을 계발하고 발휘하며 살아야 하는데, 그런 제국에서는 자신의 덕을 발휘할 기회가 없기 때문이란다.

사실 플라톤의 『국가』에는 이런 비교마저도 없다. 『국가』의 원제는 '폴리테이아(Politeia)', 즉 폴리스의 정치체제라는 말이다. 플라톤은 우리가 어떤 정치체제에서 사느냐에 따라 우리 자신이 달라진다고 말한다. 민주정에 사는 사람은 민주적이고, 독재정에 사는 사람은 독재적이란다. 독재에 시달리는 심성 여린 민중이 아니라 그런 나라에 사는 사람은 독재에 시달리면서 동시에 그 사람 자체도 독재적이란 것이다. 그만큼 국가와 시민의 관계를 상호적이고 분리불가한 것으로 본다. 그런데 오늘날 우리는 국가를 일종의 사회로 보는 시각이 일반적인 듯하다. 사회가 비슷한 목적의식을 공유하는 자발적 개인들의 결사체이듯이 국가도 개인들의 특정한 목적을 달성하기 위한 임의 단체로 보는 생각일 것이다. 과연 그럴 수 있는지, 또 그래도 되는지가 우리가 플라톤의 『국가』를 살펴보면서 해볼 만한 생각이고, 굳이 우리가 2,500년 전 고대 그리스 철학자의 책을 오늘날 다시 읽어볼 이유이기도 하다.

플라톤과 그의 시대

　잘 알려져 있다시피 플라톤(Platōn, 기원전 428/427~348/347)은 소크라테스(Sokratēs, 기원전 470?~399)를 스승으로 모셨다. 그런 소크라테스는 도시국가 아테네가 섬기는 신을 섬기지 않고 낯선 신성을 끌어들여 젊은이들을 망쳤다는 죄목으로 사형을 당했다. 그때가 기원전 399년, 소크라테스는 70세였고 플라톤은 28세였다. 플라톤은 스승의 죽음을 전후해서 자신의 철학 작품들을 쓴 것으로 전해지는데, 스승 소크라테스가 중심이 되어 철학적 대화를 하는 드라마 형식의 글이었다. 대화편이라고

신성

신성(divinity)이라고 번역했지만 'daimonion'의 어간인 'daimōn'은 보통 '신령'으로 번역된다. '다이몬'은 하급신 또는 수호정령이라고 생각할 수 있는데, '다이모니온'은 이 '다이몬'의 형용사형을 명사화한 것이니 정확하게는 '신령스러운 것'이라고 번역할 수 있다. 플라톤은 여러 대화편에서 소크라테스가 어려서부터 어떤 순간에 '다이모니온'이 나타나서 자신이 하려던 일을 못하게 막았다는 말을 하게 한다. 이 나타남은 형태뿐만 아니라 소리, 징표 등으로도 나타났는데, 그의 고발장에 적힌 '낯선 신성을 끌어들였다'는 것은 평소 소크라테스가 하고 다닌 이 말이 꼬투리가 되었을 것이라는 증언이 플라톤의 『에우튀프론』에 나온다.

불리는 이 형태는 플라톤만이 썼던 것은 아니다. 소크라테스의 주변 지인들과 제자들도 이 형식을 빌려 작품들을 썼고, 소크라테스의 사후 한때 유행사조처럼 번졌던 이 작품들의 대부분은 현재 전해지지 않고 단편적으로 알려졌을 뿐이다. 그리고 플라톤의 작품들과 소크라테스의 또 다른 제자이자 플라톤과 동년배인 크세노폰의 작품 몇 편만이 온전하게 전해진다.

소크라테스가 사형당한 기원전 399년은 아테네가 스파르타를 주축으로 한 펠로폰네소스 동맹국들과 벌인 전쟁에서 패한 지 5년째 되던 해였고, 스파르타가 아테네에 세운 30인 참주정이 내전으로 전복되고 민주정으로 회복된 지 4년째 되던 해였다. 자신의 편지인 『일곱째 편지』에서 밝혔듯이 플라톤은

크세노폰

크세노폰(Xenophōn, 기원전 430?~355?)은 아테네 출신의 군인, 역사가, 철학자, 저술가이다. 플라톤과 비슷한 연배의 소크라테스 제자로서 소크라테스가 사형을 당하던 기원전 399년에는 페르시아 내전에 용병으로 참전하고 있었다. 페르시아 내전 이후 스파르타 용병으로 아테네에 맞서 싸워 아테네로 돌아가지 못했다. 소크라테스의 사형이 부당함을 변호하는 『소크라테스 회상』을 비롯한 4편의 소크라테스적 대화편과 펠로폰네소스 전쟁 후반부의 역사를 다룬 『헬레니카』 등의 작품을 남겼다.

명문가의 자식으로서 본인도 희망했고 정치권에 있던 친인척으로부터도 여러 차례 정치에 참여하라는 권유를 받았다. 그러나 30인 참주정의 무도함을 목격하고 정치 참여를 늦추었으나 회복된 민주정에서 스승 소크라테스가 불의한 사형을 당함으로써 플라톤은 정치가가 되려는 꿈을 결정적으로 접는다. 이후 지중해 여러 곳을 여행하고 돌아온 뒤 플라톤은 40세 무렵에 철학학교 아카데메이아를 설립하고 제자들을 양성하는 한편 대화편 집필에 전념한다. 28세 전후부터 쓰기 시작해서 40세 무렵에 아카데메이아를 세우기 전까지 쓴 대화편들을 전기 대화편이라고 부른다. 소크라테스의 사형과 관련된 대화편들과 소크라테스가 주변 사람들과 덕이나 아름다움과 같은 개념들에 대해 논의하는 내용이 주로 담겨진 대화편들이 이

참주

왕가의 혈통을 이어 권력을 승계한 'basileus(왕)'와 달리 비합법적 수단으로 권력을 잡은 왕을 참주(tyrannos, 僭主)라고 한다. 폭군(tyrant)의 어원이 되기도 하기 때문에 독재자만을 연상하기 쉽지만, 기원전 7~6세기의 아테네 참주들은 민중의 편에 서서 민주정을 앞당기는 역할을 하기도 했다. 그러나 플라톤은 참주가 정치적으로나 개인적으로 폭력적인 존재임을 『국가』에서 줄기차게 강조한다.

시기에 집중되어 있다. 『소크라테스의 변론(*Apologia Sokratous*)』 『크리톤(*Kritōn*)』 『고르기아스(*Gorgias*)』 등이 이 시기의 대화편들이다.

　플라톤은 지중해를 여행하던 중 이탈리아를 방문했고, 그중 현재의 시칠리아 섬에 있던 시라쿠사(Syrakousa)라는 그리스 식민도시를 방문한 적이 있었다. 그곳은 당시 디오뉘시오스 1세가 참주로서 지배하고 있었다. 여러 가지 설이 있어 이유는 확실하지 않으나 아무튼 디오뉘시오스 1세와 불화가 있어 이 참주는 플라톤을 노예로 팔았고, 플라톤은 팔려간 노예시장에서 아는 사람을 만나 그가 몸값을 내주는 덕에 노예가 되는 일을 모면했다고 한다. 그렇지만 플라톤이 디오뉘시오스 1세의 궁정에 머무는 동안에 플라톤의 사상에 동조하는 사람이 있었는데, 그는 디오뉘시오스 1세의 처남인 디온이었다. 디온은 디오

시칠리아 시라쿠사의 아폴로 신전.

뉘시오스 1세가 죽고 자신의 조카인 디오뉘시오스 2세가 참주가 되자 60세 무렵의 플라톤에게 편지를 보내 자신의 조카를 철학자로 교육해 이상 정치를 이루자며 플라톤을 조카의 스승으로 초대한다. 플라톤은 철학의 현실화가 쉽지 않으리라는 것을 잘 알았으나 두 차례에 걸쳐 시라쿠사에 갔다. 그러나 이 실험은 결국 실패로 끝났고, 이 실패 이후 시라쿠사는 디오뉘시오스 2세와 디온의 내전에 휩싸이게 되었다. 이후 플라톤은 현실 정치에서 벗어나 80세의 나이로 임종하기 전까지 제자 양성과 집필에 전념한다.

　플라톤이 40세 무렵부터 시라쿠사 여행을 가기 전까지 쓴 대화편들을 묶어 중기 대화편이라고 한다. 이 무렵 플라톤의 대화편들에는 그 유명한 이데아 이론을 비롯해서 우리가 플라톤의 철학이라고 아는 사상들이 본격적으로 등장한다. 이 시기의 대표적인 대화편이 바로 우리의 책인 『국가』이다. 우리에게 익숙한 또 다른 대화편인 『파이돈(Phaidōn)』『향연(Symposion)』도 이 시기의 대화편이다.

　그리고 시라쿠사에서 빠져나온 후 임종 때까지 쓴 대화편들을 후기 대화편이라고 하는데, 맨 마지막 작품이 『국가』와 많이 비견되는 『법률(Nomoi)』이다. 이 시기에 플라톤은 중기 대화편에서 펼친 이론들을 심화, 확장해나간다. 중기에서 후기로 넘어가는 시기의 대화편인 『파르메니데스(Parmenidēs)』가 이데아 이론의 심화라고 한다면, 『테아이테토스(Theaitētos)』는 인식론적 확장, 『티마이오스(Timaios)』는 자연철학적 확장이라고 할 수 있다. 이렇게 플라톤은 대략 28편의 대화편을 남기고 80세의 나이로 죽음을 맞이했지만, 마지막 작품인 『법률』은 정서된 형태가 아니라 초벌의 형태로 전해져 제자의 편집을 거쳐야 했다고 한다. 생의 마지막까지 집필을 멈추지 않은 플라톤은 20세기 영국의 철학자 화이트헤드(Alfred North Whitehead, 1861~1947)

플라톤의 흉상과『국가』의 일부.

로부터 유럽철학은 플라톤 철학의 주석 형태로 발전해왔다는 말을 듣는다.

독일의 철학자 카시러(Ernst Cassirer, 1874~1945)는『국가의 신화』에서 플라톤의『국가』가 세상에 정의를 가져오지는 않았지만,『국가』이후로 어떤 정치 이론가도 국가를 논의할 때 정의를 말하지 않을 수 없게 되었다고 했다. 플라톤의 책들에는 제목 이외에 보통 부제가 붙어 있는데,『국가』의 부제 중 하나는 '정의에 대하여'이다. 다시 말해 플라톤의『국가』는 국가의 정의(justice)는 무엇이며, 국가에서 정의롭게 산다는 것은 무엇이고, 정의로운 국가는 어떻게 세울 수 있는지, 정의가 무너지면 국가와 국가의 시민은 어떻게 되는지를 논의한 책이다.

국내에『국가』의 그리스어 번역은 20세기 말인 1997년에 박종현의 번역으로 나왔다. 이후 21세기 들어 2013년에 천병희의 번역으로『국가』가 다시 나왔고, 그리스로마 고전 번역과 연구를 하는 정암학당에서도 2022년 현재『국가』를 번역 중이다. 이렇게『국가』는 2,500여 년이 지난 후 머나먼 한국 땅에서도 여전히 번역되고 연구 중이며, 새로운 해석이 계속 등장하는 살아 있는 고전 중의 고전이다.

『국가』, 어떻게 읽을 것인가

음악 같은 구성과 다채로운 전개

앞에서 이야기했듯이 플라톤이 남긴 저술들의 대부분은 대화 형식으로 되어 있다. 그렇지만 같은 대화 형식이라도 그의 저술 기간 전체를 통해서 대화의 밀도가 같지는 않다. 다소의 단순화를 무릅쓰고 말하자면, 초기에서 중기, 후기로 넘어갈수록 대화의 밀도는 다소 옅어지고 구성도 단순해지는 편이다. 물론 중기의 걸작들인 『향연』이나 『파이돈』『파이드로스』 등이 대화의 밀도나 구성의 측면에서 옅거나 단순하다고 보기에는 무리가 있지만 특히 후기로 갈수록 이 경향은 두드러지게 나타난다. 그중 중기에 속하는 『국가』에 한정해보면, 『국가』의 구성은 복합적이고, 음악적으로 표현하면 전조가 있다.

『국가』는 옛날 두루마기 형태의 책 형식으로 열 권으로 돼 있는데, 그중 1권은 전통적으로 "트라쉬마코스(Thrasymachos)"라는 제목으로도 통용되었다. 트라쉬마코스라는 칼케돈 출신의 소피스트가 대화에서 중요한 역할을 하기 때문에 붙은 제목이다. 1권은 축제를 구경하러 아테네의 외항인 페이라이에우스 항구에 들른 소크라테스 일행이 그 지역 유지인 케팔로스의 큰아들 폴레마르코스 일행을 만나 반강제로 케팔로스의 집에 가게 되면서 시작한다. 케팔로스의 근황을 묻는 소크라테스의 질문은 정의에 대한 물음으로 바뀌고, 논의를 이어받은 맏아들 폴레마르코스가 소크라테스의 연이은 질문에 말문이 막힐 때에 곁에서 논의를 지켜보던 트라쉬마코스가 갑자기 논의에 난입해 대화의 온도를 높인다. 트라쉬마코스의 장광설에 짧은 질문으로 차분하게 대응한 소크라테스가 결국 논의의 판세를 뒤집자, 트라쉬마코스가 볼멘소리를 하며 대화에서 물러나고 소크라테스는 최종적으로 논의에 실패했다고 토로하면서 1권은 끝이 난다. 이렇듯 1권은 대화에 등장하는 인물들의 캐릭터가 다

양하고, 그 다양한 캐릭터가 보여주는 복선도 복합적이라 대화
의 밀도도 높고 구성 역시 복잡하다. 그래서 예로부터 『국가』
1권은 플라톤이 초기 대화편들을 쓰던 시절에 썼던 것이 아닌
가 하는 추측이 있었다. 그만큼 초기 대화편의 성격을 잘 보여
주는 것이 『국가』 1권이다.

　2권은 페이라이에우스와 케팔로스의 집으로 소크라테스를
따라갔던 아데이만토스와 글라우콘이 좀 전에 끝난 트라쉬마

코스와 소크라테스의 논의가 주제의 중요도에 비해 만족스럽게 끝나지 못했다며 새롭게 논의를 재개하면서 시작한다. 비록 이들은 트라쉬마코스의 편에 서서 논의를 재개하지만, 재개의 목적은 정의에 대한 기존의 논의에 대한 자신들의 궁금증과 불만을 소크라테스가 해소해주기를 기대한 것으로, 일부러 소크라테스의 반대편에 선 것이다. 따라서 2권부터 10권까지의 긴 논의는 주로 소크라테스가 이야기하고, 형제 사이인 아데이만토스와 글라우콘이 추임새를 넣는 형태로 진행된다. 이렇게 소크라테스 위주로 대화가 진행되는 방식은 중기와 후기에 자주 보이는 형태이다. 그래서 『국가』에서 이루어지는 대화는 1권에서 초기 대화편 형태로 밀도 있고 속도감 있게 진행되다가 2권 이후부터 속도는 느려지고 규모는 커지며 장중해진다.

이렇게 해서, 교향곡과도 같은 플라톤의 『국가』를 읽을 때 우리가 주의를 기울여야 할 부분은 이 대화편이 갖는 다채로운 구성과 내용이 얼마나 잘 조화를 이루는지 감상하는 것이다. 플라톤은 단지 철학자가 아니라 철학적 내용에 걸맞은 문학 형식을 자유자재로 구사하는 걸출한 문필가이다. 음악가의 이름이나 생애, 작품의 제목이나 장르에 대해 아는 것은 음악의 목적이 아니라 음악을 잘 듣기 위한 방편이다. 이와 마찬가지로, 예술이 아닌 철학이라 할지라도 고전은 논의의 결론만 중요한 것이 아니라 결론에 이르는 과정이 어떻게 이루어지는지를 음미하는 것이 결론 이상의 중요성과 즐거움을 가진다. 이 점이 우리의 첫 번째 감상 포인트가 될 것이다.

대화가 가지 않은 길을 생각하며 읽기

『국가』뿐 아니라 플라톤의 대화편을 읽을 때 우리가 또 주목해야 하는 점은 '대화'가 플라톤의 저술에서 하는 역할이다. 소크라테스는 철학자로 살았다. 젊은 시절부터 그는 논의를 사랑해 누구에게나 묻고 또 물으며 대화를 나눴다. 하지만 그가 남긴 글은 없다. 그리고 플라톤은 생전에 스승 소크라테스가 나누던 대화를 모방해 대화편이라는 글을 남겼다. 소크라테스는 왜 대화만 했으며, 플라톤은 왜 대화를 모방한 글을 썼을까? 긴 설명이 필요하지만, 두 사람에게 철학한다는 것은 대화한다는 것이기 때문이 아니었을까? 대화는 같은 주제라도 누구와 대화하느냐에 따라 그 내용이 달라진다. 주제에 대한 이해도가 높고 말귀를 잘 알아듣는 상대와 대화를 하면, 그 대화는 곁에서 듣기에 진도가 빠르고 건너뛰는 부분도 많다. 반대의 경우라면 대화는 느리게 전개되거나 주제와 관련된 내용

아테네의 아카데메이아 앞에 서 있는 소크라테스와 플라톤의 동상.

중 일부만 다룰 것이다. 대화 상대자에 따라 대화 내용이 달라진다는 점이, 철학은 곧 대화라고 소크라테스와 플라톤이 생각한 이유일 것이다. 철학은 어떤 주제에 대한 답을 외우는 것, 좀 더 나은 경우라면 풀이 과정까지 외우는 것이 아니라, 주제에 능동적으로 참여해 묻고 답하고 고민하는 과정이라는 것이 플라톤과 소크라테스의 생각이었을 것이다.

그런데 대화를 통해 철학하는 것을 글로 남기면 문제가 생긴다. 특정한 인물들이 모여 서로 특정한 반응을 주고받으며

안젤름 포이어바흐의 그림 〈플라톤의 향연(심포지엄)〉(1873).

대화를 진행하다 보면, 주제와 관련해서 가능한 대화들 중에
특정한 방향으로만 대화가 진행되기 때문에 가보지 않은 대화
의 길들이 남는다. 물론 플라톤은 한 가지 주제에 대해 하나의
대화편만 쓰지도 않았고, 대화의 특성상 한 가지 대화편에 한
가지 주제만 담지도 않았기 때문에 이 두 특성이 서로 얽혀 복
잡한 경우의 수들을 만든다. 그렇기 때문에 플라톤의 대화편들
은 다른 어떤 책들보다도 서로 연계해서 읽어야 할 필요가 있
다. 하지만 그렇다고 해서 가능한 대화의 모든 빈틈을 메울 수
는 없다. 어차피 다루고자 하는 주제를 보편적인 관점에서 보
는 것을 전제하면서 해당 주제를 어떤 관점에서 어떤 방식으
로 제한해서 어디까지 다룰지를 전면적으로 드러내놓고 진행

하는 논문과 같은 논의 방식이 아니기 때문에, 대화의 형식은 늘 특별할 수밖에 없다. 그래서 플라톤의 대화편을 읽을 때는 이야기되는 것 못지않게 이야기되지 않은 것에 눈길을 주어야 한다. 그래서 대화를 주고받다 어떤 부분에서 대답이나 반응이 이상하다 싶으면 읽기를 멈추고, 왜 이 대목에서 그런 대답이나 반응을 했는지, 나라면 어떻게 대응했을지, 나는 왜 이상하다고 생각했는지를 숙고하는 게 좋다. 그러면 대개의 경우 플라톤이 왜 그렇게 했는지 이해가 되거나 이해의 실마리가 주어지고, 더 운이 좋으면 내가 새롭게 생각할 거리를 얻게 된다.

『국가』, 논란의 등대가 되다

　　유기체 철학을 주창했던 영국의 철학자 화이트헤드가 유럽 철학을 플라톤에 대한 일련의 각주라고 했던 말은 이제는 너무 진부한 말이 되었다. 진부하다는 것은 이미 상식이 되었다는 뜻일 텐데, 그렇다면 『국가』가 후대에 끼친 영향 역시 화이트헤드의 이 말에 비추어서 가늠할 수 있다. 누가 뭐래도 『국가』는 플라톤의 대표작이기 때문이다.

　　우선 철학사에 미친 『국가』의 영향을 따져본다면, 그건 그 자체로 하나의 서양철학사가 될 것이다. 플라톤의 저술 안에서

혼합정

플라톤의 『국가』의 원어는 'Politeia'이다. 이것을 원문의 의도에 맞게 직역하면 '정치체제'이다. 그런데 이것을 로마의 철학자이자 정치가인 키케로가 'res publica'라고 번역했고 이 말은 영어 'republic'의 어원이 된다. 원래 라틴어 'res publica'는 '공적인 것'이란 뜻이고, 이 말로 키케로는 원로원 정치를 하는 로마의 공화국을 의미했다. 『국가』에서 플라톤이 지향하는 정치체제는 혈통이 아니라 덕성에 의거한 왕정 또는 귀족정이지만 그의 마지막 작품인 『법률』에서는 재산의 정도에 따른 정치권력의 차등과 민주정을 혼합한 정치체제를 지향한다. 이어서 그의 제자인 아리스토텔레스는 『정치학』에서 "다수가 공동의 이익을 목표로 통치를 할 때, 모든 정치체제의 공통된 이름인 폴리테이아(혼합정)라 불린다"(1279a)라고 하고, 이것을 과두정(oligarchia)과 민주정이 혼합된 형태라고 한다(1293b). 키케로가 플라톤의 『국가』를 『공화국』이라 번역한 것은 플라톤에서 아리스토텔레스로 이어지는 이런 맥락과 더불어 진정한 국가는 공동의 이익을 위해 운영되어야 하며, 이런 목적에 부합하는 것은 공화국이라는 자신의 정치철학에 기반한 것으로 보인다.

도 『국가』는 그의 마지막 작품인 『법률』과 비견해서 많이 논의된다. 왕정에 기반을 둔 『국가』의 철인 정치는 혼합정에 기반을 둔 『법률』의 원로원 정치 또는 공화정과 대비된다. 플라톤의 제자인 아리스토텔레스는 『국가』를 비판적으로 고찰해 자신의 『정치학(Politika)』을 저술했으며, 플라톤 당대의 유명한 수사학자이자 정치학자인 이소크라테스(Isokratēs, 기원전 436~338) 역시 『국가』를 패러디한 작품을 내놓았다. 헬레니즘 시대에도 『국가』의 명성은 이어져 스토아학파의 제논(Zēnōn, 기원전

헬레니즘 시대

마케도니아의 알렉산드로스 왕(기원전 356~323)이 이집트에서 인도에 이르는 대제국을 건설한 후부터 로마가 지중해의 패권을 잡은 기원전 30년까지 300여 년에 이르는 시기를 이른다. 동서양에 걸친 제국 내에서 다양한 문화적 교류가 그리스 문화의 바탕 위에서 이루어졌던 시기이다.

335?~263?)은 동명의 『국가』에서 다소 파격적인 국가의 모델을 제시했다. 로마가 지중해의 패권을 잡은 후에도 그리스의 문화적 영향을 절대적으로 받은 로마는 키케로(Marcus Tullius Cicero, 기원전 106~43)의 『국가론(De re publica)』를 통해 플라톤에 대한 존경심을 드러냈으며, 키케로의 저술 제목에 있는 'res publica'는 후일 플라톤의 『국가』가 영어권에서 'Republic'으로 번역되는 계기가 되었다.

신플라톤주의의 플라톤 해석을 받아들여 기독교의 교리를 정리한 교부철학자 아우구스티누스(Sanctus Aurelius Augustinus Hipponensis, 354~430) 역시 『신국론(De Civitate Dei)』에서 플라톤을 비롯한 여러 철학자들을 언급하며 자신의 이상국가론을 설파했다. 이슬람권은 기본적으로 아리스토텔레스의 철학에 경도되어 있었지만, 아베로에스(Averroes, 1126~1198)는 『국가』에 대한 주석을 단 저술을 냈으며 플라톤이 주장한 남성과 여성의

라파엘로의 그림 〈아테네 학당〉(1510~1511).

동등한 철인 교육과 정치 참여를 받아들이기도 했다.

하지만 아우구스티누스 이후 중세에는 플라톤의 우주론과 자연철학을 담은 『티마이오스』가 플라톤의 저술 중 가장 주목받는 책이었다. 그러다가 『국가』가 다시 논의의 중심에 선 것은 르네상스의 현자 에라스무스(Desiderius Erasmus, 1466~1536)가 『기독교인 군주 교육론』을 내놓으면서부터였다. 교황 체제의 중세에서 벗어나 세속군주들의 근대 국가가 성립되는 시기에

플라톤의 철인 정치가 정신에 입각한 교육을 받은 군주의 당
위성을 강조해야 할 시대의 필요가 『국가』를 소환한 것이다.
이러한 경향은 거의 같은 시기에 출간된, 에라스무스의 친구이
자 후원자인 토머스 모어(Sir Thomas More, 1478~1535)의 『유토피
아(Utopia)』에도 나타난다.

그러나 군주정 시대에서 민주주의 시대로 접어들면서 『국
가』는 한편으로는 외면받고 다른 한편으로는 비판의 대상이
된다. 게다가 제2차 세계대전으로 민주주의가 파시즘으로 이
어지는 위험을 노출하자 『국가』에 대한 비판은 고조된다. 이탈
리아의 무솔리니(Benito Andrea Amilcare Mussolini, 1883~1945)는 『국
가』를 애독하고 거기서 자신의 파시즘을 위한 영감을 길어냈
다고 했으며, 제2차 세계대전의 혹독함을 겪은 영국의 철학자
칼 포퍼(Sir Karl Raimund Popper, 1902~1994)는 『열린 사회의 그 적
들』에서 플라톤을 전체주의의 창시자로, 그의 『국가』를 전체주
의의 온상으로 지목했다.

그런데 『국가』에 나타난 플라톤의 정치철학에 대한 논란은
유서 깊은 것으로, 무엇보다 플라톤의 다층적 글쓰기에 연유된
측면이 크다. 플라톤의 글은 언제나 한 가지 방식으로 단일하
게 해석되지 않고, 어떤 관점과 측면에서 보느냐에 따라 다양
한 장면을 보여준다. 토머스 모어의 『유토피아』에도 다소 아이

러니하게 나오듯이 『국가』의 이상국가는 이중적인 측면을 갖고 있어서 이상국가의 실현을 위한 좌표로 읽힐 수도 있고, 이상국가의 난망함을 보여주는 역설로 읽힐 수도 있다. 그래서 유토피아는 디스토피아를 끌고 다니게 되었고, 플라톤의 유토피아 또한 보는 입장에 따라 디스토피아가 된다. 올더스 헉슬리의 『놀라운 신세계』의 디스토피아는 바로 『국가』를 통제 사회로 이해한 산물이다. 『국가』의 이상세계를 디스토피아로 이해한 작품들은 영화로 이어져 〈스타쉽 트루퍼스〉(1997), 〈더 기버〉(2014)와 〈다이버전트〉(2014)와 같은 영화가 나왔다.

『국가』를 디스토피아로 이해한 또 다른 작품인 조지 오웰의 『1984』에는 빅브라더의 통제에서 벗어나려는 주인공 윈스턴 스미스의 처지가 역설적으로 『국가』에 나오는 '동굴의 비유'의 죄수의 처지에 비유되기도 한다. '동굴의 신화'라고도 불리는 이 비유는 플라톤의 『국가』가 철학의 텍스트를 벗어나 문화적 이미지와 상징으로 재해석되고 있음을 보여준다. 영화 〈매트릭스〉에도 이 '동굴의 비유'는 가상세계의 허상을 보여주는 장치로 사용되었고, 『국가』 2권을 여는 '귀게스의 반지' 이야기는 톨킨의 『반지의 제왕』으로 이어졌다.

논란의 중심에 서자!

앞에서 봤듯이 『국가』는 처음 나왔을 때부터 논란의 대상이었다. 앞에서 다루었던 것은 대표적으로 이상국가에 대한 것이었지만, 그밖에도 『국가』에는 크고 작은, 전문적이거나 대중적인 논란거리들이 무수히 많다. 이런 논란에 대해서 듣고 있자면, 이쪽 이야기를 들으면 이쪽 이야기가 그럴듯하고, 저쪽 이야기를 들으면 저쪽 이야기가 또 그럴듯하게 들린다. 이런 곤란한 현상은 꼭 『국가』를 읽을 때만 발생하는 것도 아니고, 책을 읽을 때만 발생하는 것도 아니다. 이런저런 사회 문제들에 대한 논란들도 이렇게 둘 다 맞는 느낌을 줄 때가 많다. 이 럴 때는 논란을 불식하고 선명한 해결책을 내거나 딱 부러지게 어느 한쪽 입장을 선택할 묘수가 있었으면 하는 바람이 생긴다. 하지만 세상일이 늘 그렇듯 별 신통한 수는 없다. 그저 귀를 열고 양쪽 입장을 잘 듣고 판단하는 수밖에 없다. 다만 듣고 또 듣고 들어야 한다. 그리고 각각의 입장을 들을 때 나에게 드는 느낌에 주목해야 한다. 그게 막연한 거부감이든 호감이든 그 느낌의 정체를 파악하고, 그 이유를 생각하는 과정을 거쳐야 해당 주제에 대한 나의 선입견을 알 수 있다. 그 선입견은 궁극적으로는 틀린 것일 수도 있고 맞는 것일 수도 있다. 맞든 틀리든 내가 내 속을 들여다볼 수 있어야 중심을 잃고 논란에 휘말리는 일에서 벗어날 수 있다. 그래서 인문학은 나를 아는 일이기도 하다.

내가 가진 선입견을 아는 것이 나를 이해하는 길이다

앞에서 이야기했던 논란거리를 예로 삼아 살펴보자. 플라톤이 『국가』에서 제시하는 이상국가는 유토피아일까 디스토피아일까? 『국가』를 읽고 나면 그 국가의 시민으로 사는 일이 좋을지 나쁠지 느낌이 있을 텐데, 우선 그 느낌에 주목할 필요가 있다. 그 다음에는 그 느낌의 이유에 대해서 생각해봐야 한다. 앞으로 이야기하게 되겠지만, 플라톤의 국가에서는 사람들이 세 집단으로 나뉘어서 각자 자기 일을 한다. 생산자 계층은 재화의 생산에 종사하는데, 평생 한 가지 직종에서 일해야 한다. 나라의 수호는 보조 수호자가 담당하는데, 이들 군인 계층은 젊어서 나라의 수호에 종사하고, 그중 지혜를 사랑하는 천성이 강한 이들이 철학 교육을 받아 철학자가 되어 통치자 계급인 수호자가 된다. 이들만이 정치가가 되며, 일정 기간 수호자로 봉사하다가 은퇴 후에는 좋아하는 철학에 매진할 수 있다. 이런 나라에 살면 이상적인 통치자가 알아서 잘 다스려줄 테니까 사회가 반듯하게 잘 돌아가서 좋겠다고 생각할 수 있다. 그런가 하면 이런 나라에서는 이런저런 요구 사항이 많아서 갑갑해서 못 살 것 같다고 생각할 수도 있다.

이때 이 국가가 좋은지 나쁜지는 각자 어떻게 생각하느냐에 따라 달라서, 좋을 수도 있고 나쁠 수도 있다고 결론 내리는 것은 옳지 않다. 각자 생각은 자유롭게 할 수 있지만 현실에서 우리는 공동체의 일원으로서 특정하고 구체적인 공동체에서 살 수밖에 없기 때문에, 각자 살고 싶은 대로 살 수 있는 공통체란 존재할 수 없기 때문이다. 그래서 서로 토론을 통해 생

플라톤의 아카데메이아에서 학생들이 토론하는 장면.

각을 공유하거나 비판하여 조절을 하든 각자 자신의 생각을
발전시켜나가든 좋은 나라가 무엇인지를 생각해봐야 한다. 이
렇게 되면 처음의 막연한 느낌을 넘어 규모 있는 생각으로 자
신의 느낌을 키워나가야 하는데, 그렇게 하기 위해서는 자신
의 느낌에 담긴 선입견을 찾아야 한다. 앞에 든 느낌의 예로 하
면, 자유가 중요하다고 생각하는 사람은 이 나라가 갑갑하다는
느낌을 가질 수 있고, 혼란을 싫어하는 사람은 이 나라가 좋다
는 느낌을 가질 수 있다. 그렇다면 여기서 우리는 하나의 개념

쌍을 찾게 된다. 자유와 질서. 그 다음으로는 이 두 개념의 의미 폭을 텍스트의 내용을 짚어가며 따져볼 수 있다. 플라톤의 『국가』에서는 두 가지 자유를 말한다. 하나는 '원하는 것은 무엇이든 할 수 있는 자유(exousia)'이고, 다른 하나는 '욕망으로부터 벗어난 자유(eleutheria)'이다. 이렇게 되면 우리는 이제 우리가 가진 선입견에 대해 반성적으로 검토할 수 있게 된다. 자유는 다 좋은 것일까? 어떤 자유가 진정한 자유일까? 질서의 경우도 마찬가지다. 질서는 한편으로는 규율이 되어 간섭과 억압의 산물이지만, 스스로 자신을 규율하는 자율의 산물일 수도 있다.

공동의 논의를 위해서는 선입견의 반성이 필요하다

논란이 되는 주제에 대해 한 방향으로만 예를 들었지만, 이제 정리해보자. 1) 논란이 되는 주제에 대해 이야기를 들어보고 그에 대한 나의 느낌을 간단히 적어보자. 2) 그 느낌의 이유를 생각해보자. 3) 그 이유에 깔린 선입견을 밝혀보자. 4) 텍스트를 통해 그 선입견과 연관된 개념들을 찾아보자. 5) 그 개념들에 대해 저자가 말하는 의미 폭(또는 용례)을 알아보자. 6) 의미 폭에 대한 이해를 토대로 그전에 가졌던 선입견을 반성적으로 살펴보자.

인간은 생각하는 갈대라는 파스칼(Blaise Pascal, 1623~1662)의 말도 있듯이, 우리가 잘 살려면 생각을 잘 해야 한다. 반대로 말하자면 우리의 삶이 힘든 이유 중 하나는 생각을 잘 못하고 있기 때문일 것이다. 잘 사는 일은 평생을 두고 해야 하는 일이 듯이 생각을 잘 하는 일도 평생 해야 하는 일이다. 책을 읽고 생각하고, 생각하며 책을 읽는 일이 잘 사는 일과 무관하지 않을 것이다.

2장

『국가』읽기

『국가』의 구조

　『국가』는 총 10권으로 구성되어 있다. 권이라고 해도 지금의 단행본 한 권이라는 의미가 아니라 적절히 분절된 단위라고 보면 되고, 분량상으로는 지금의 '장(章, chapter)'이라고 보면 된다. 그러니 물론 두툼하기는 하지만 아주 심하지는 않다. 예전에는 파피루스나 양피지로 책을 만들었고, 특히 고대 그리스에서는 이집트의 나일강변에 나는 파피루스(일종의 갈대)를 말리고 이어붙여서 두루마리로 만들어 거기에 글을 썼다. 그러니 읽고 쓰는 데 불편함이 없으려면 적절한 두께가 필요했을 것이다. 그러다 보니 『국가』의 각 권들은 내용에 따라 나뉘지 않는 것들이 있다.

내용별로 『국가』의 권들을 분류하면, 일단 1권을 한 묶음으로 하고, 2~4권을 한 묶음, 5~7권을 또 한 묶음, 8권과 9권을 한 묶음, 끝으로 10권을 따로 묶을 수 있다. 대략 이 묶음들에서는 내용이 비교적 선명히 나뉘는 편이고, 이 묶음들 안에서는 권별 구분이 다소 모호하다.

본격적으로 내용을 살펴보기에 앞서서 먼저 이 큰 묶음들을 개괄적으로 설명해보자. 1권은 '트라쉬마코스'라는 부제로도 불리는데, 처음에 케팔로스를 상대로 시작한 정의(justice)에 대한 논의가 케팔로스의 큰아들인 폴레마르코스로 대화 상대를 옮겨 이루어지다가, 중반 이후 소피스트 트라쉬마코스가 주요 대화 상대자가 되면서 내용도 심각해지고 대화도 격렬해졌기 때문이다.

2권부터는 대화 상대자가 트라쉬마코스에서 플라톤의 형제들인 글라우콘과 아데이만토스로 바뀌어서 10권까지 이어진다. 1권에서 가까스로 트라쉬마코스를 논파했다고 생각했던 소크라테스에게 이 두 형제가 문제제기를 하면서 대화가 재개된다. '정의는 강자의 이익'이라는 트라쉬마코스의 주장이 당시 젊은이들의 생각을 사로잡고 있는 문제적 주장인데도, 소크

소피스트

소피스트(Sophist)는 본래 '지혜로운 사람'이라는 뜻이지만, 기원전 5세기에는 당시 발달하기 시작한 연설술(rhētorikē)과 논쟁의 기술을 상대주의적인 철학과 결합해 전파한 일련의 직업 교사들을 일컫는 말이 되었다. 프로타고라스, 고르기아스, 트라쉬마코스, 히피아스, 프로디코스 등의 소피스트들은 아테네인이 아니면서 아테네에 자주 머물며 민주주의의 득세로 설득과 논쟁의 능력이 중요해지는 시기에 아테네의 젊은이들을 교육했다. 소크라테스, 플라톤, 아리스토텔레스 등은 이 소피스트들의 상대주의적 가치관과 정치관을 비판했다.

라테스에게 의외로 쉽게 논파되어 그 심각성을 충분히 간파할 수도 없었고, 그 논의에 맞설 논리도 갖추기 힘들었다는 항변이었다. 이 형제의 문제제기에 답하기 위해서 소크라테스는 정의가 살아 있는 나라를 살펴봄으로써 정의가 진정 무엇인지를 알아보자는 제안을 한다. 이 논의는 4권의 끝에 이르러 정의로운 나라의 구성과 거기 사는 시민들의 영혼의 구성을 알아봄으로써 일단락된다.

정의가 살아 있는 나라가 어떻게 성립 가능한지를 이론적으로 살펴본 후, 소크라테스는 이 이상적인 나라가 어떻게 변해갈 수 있는지 살펴보려고 한다. 그런데 아데이만토스를 비롯한 사람들이 소크라테스가 이상국가의 성립 근거로 제시했던 '처자공유'의 현실적 가능성을 문제 삼으면서 논의는 새로운 국면으로 들어선다. 처자공유가 가능하려면 이상국가가 실현되어야 하니, 처자공유의 현실 가능성은 이상국가의 현실 가능성 문제로 바뀐다. 이에 대해 소크라테스는 철학자가 왕이 되거나 왕이 철학자가 되어야만 질곡의 현실은 이상의 국가로 바뀔 수 있다고 말하면서 논의는 진정한 철학자의 본성이 무엇인지를 따지는 쪽으로 바뀐다. 이어서 철학자의 본성에 대한 논의는 어떤 교육을 통해서 철학자를 길러낼 것인지로 바뀌면서 그 유명한 동굴의 비유를 비롯한 해의 비유와 선분의 비유 등이 나오며, 좋음의 이데아를 볼 수 있을 때까지 철학자의 교육이 이어져야 한다는 데까지 소크라테스의 설명은 이어진다.

이렇게 해서 철학의 본성과 교육에 대한 설명과, 5권 초입에서 제기되었던 아데이만토스의 문제제기에 대한 답이 이루어지면서 본래 다루고자 했던 이상국가의 변천에 대한 논의가 8권에서 재개된다. 소크라테스는 이상국가라도 통치자 계급의 변질이 초래되면 타락하게 되고 그 순서는 명예정, 과두정, 민주정, 참주정으로 이루어진다고 말한다. 이 순서는 앞에서 논의했던 영혼의 부분들인 이성, 기개, 욕구 중 어떤 부분이 지배권을 갖느냐에 따른 것이다. 이성이 다른 부분들을 지배하면 이상국가인 최선자정체이고, 기개가 지배하면 명예정이 되고, 기개에서 욕구로 지배권이 바뀌면서 과두정, 민주정이 되고,

욕구의 지배가 극에 달하면 참주정에 이르게 된다. 각 정치체제에 사는 개인들도 그 정치체제에 어울리는 품성을 갖게 되어 이상국가에는 이성적인 시민이, 참주정에서는 참주적인 시민이 살게 된다. 그리고 이성적인 사람이 가장 행복하고 참주적인 사람이 가장 불행하다고 하면서 9권까지의 논의가 정리된다.

앞에서 5~7권의 논의가 2~4권 중에 나오는 처자공유의 논의를 재검토하면서 시작했듯이, 10권의 논의도 2~4권에서 논의했던 시가 교육의 문제를 재검토하면서 시작한다. 2~4권에서는 수호자를 위한 시가 교육을 검토하면서 기존의 신화들을 무분별하게 담고 있는 시가들을 교육하면 안 된다고 하면서 이들 시가의 문제점이 모방의 방식을 사용하는 데 있다고 지적했었다. 10권에서 소크라테스는 이상국가에서 모방을 사용하는 시를 허용해서는 안 된다며, 2~4권보다 한층 더 강경한 입장을 취한다. 이는 5~7권의 논의를 통해 이상국가의 교육에 대한 논의가 더 심화되었기 때문일 것이다. 바로 그 유명한 시인 추방론에 대한 논의가 10권 전반부에서 이루어지고, 이 논의를 마무리하면서 소크라테스는 우리가 모방시와 같은 저속한 즐거움을 피할 수 있는 것은 이상국가에서 정의로운 삶을 살 수 있게 된 덕분이라며 정의를 비롯한 덕 있는 삶

장 프랑수아 피에르 페이런의 그림 〈소크라테스의 죽음〉(1786년경).

의 보상에 대한 논의로 넘어간다. 저속한 즐거움을 피하게 되는 보상 말고도 덕의 보상에는 더 엄청난 것이 있는데, 덕 있는 삶은 생전에도 이미 보상을 받을 뿐만 아니라 사후에도 보상을 받는다는 것이다. 이 이야기를 위해 소크라테스는 유명한 에르(Er) 신화를 소개하며 사후 세계에 대한 논의를 펼친다. 인간은 죽고 난 후 생전의 삶에 대한 심판을 받고 천 년을 주기로 다시 태어나는데, 그때 덕 있는 삶을 살았던 사람은 더 좋은 삶을, 그렇지 못한 삶을 살았던 사람은 더 나쁜 삶을 선택하며,

철학자의 삶을 살았던 사람은 윤회의 삶에서 벗어나고 참주의 삶을 살았던 자는 다시 태어나지도 못한 채 천 년을 넘어 벌을 받는다는 것이다.

국가로 가는 길

소크라테스, 정의(正義)의 정의(定意)를 묻다[1]

『국가』1권은 『국가』 전체의 서설에 해당한다. 플라톤은 그리스의 위대한 철학자일 뿐만 아니라 인류 역사를 통틀어 손꼽히는 특급 작가이기도 하다. 철학적 사유의 심원함은 물론이

---

1 이 절은 한국철학사상연구소의 웹진 《시대와 철학》(http://ephilosophy.kr/han)의 〈시철북&아카데미〉 코너에 연재했던 '이정호 교수와 함께하는 플라톤의 『국가』'(2018년 8월~2019년 7월)의 내용을 많이 참고했음을 밝힌다.

고 그 사유를 풀어내는 솜씨가 어머어마하다는 소리다. 이런 그의 글솜씨가 잘 드러나는 지점이 그의 대화편들의 시작 부분이다. 좋은 영화나 소설이 다 그렇듯, 플라톤도 작품의 앞부분에 작품 전체의 실마리가 될 내용들을 차곡차곡 쟁여놨다. 그래서 플라톤의 작품들에서 도입부는 곱씹어 읽어야 하고, 전체를 다 읽고 다시 찾아 읽으면 작품 전체의 구조를 개관할 수 있다. 『국가』가 플라톤의 작품 중에 최고봉에 속하듯이 『국가』 1권도 플라톤의 다른 대화편들의 도입부들 중에서도 우뚝한 도입부이다. 그래서 『국가』의 서설을 쓰고 싶은 저자의 욕심으로 1권에 대한 설명은 다른 권들에 비해 더 길고 자세한 것이 될 것이다.

소크라테스, 폴레마르코스의 집에서 정의를 논하다

이야기 속에 이야기를 담는 방식을 액자 방식이라 하는데, 플라톤의 여러 대화편들은 이런 식의 액자식 구성으로 되어 있어 화자인 소크라테스가 액자 안 대화 상황에서 가졌던 속마음을 액자 밖 화자에게 밝히는 등 여러 방식으로 활용된다. 이야기는 소크라테스가 아테네의 외항 페이라이에우스를

아테네

고대 그리스의 나라들을 '폴리스'라고 부르는데, 그 이유는 도시가 나라의 중심이기 때문이다. 그래서 아테네는 나라 이름이자 도시 이름이기도 하다. 국토의 개념으로 하면 아테네는 아티카라는 지역을 가리키고 도시 아테네는 그곳의 중심지, 요즘으로 하면 수도에 해당된다.

방문해서 있었던 일을 누군가에게 전해주는 방식으로 시작된다. 페이라이에우스에 거주하는 트라케 사람들이 자신들이 섬기는 벤디스 여신을 기리는 축제를 벌여 그것을 구경하기 위해서였다. 트라케는 그리스 북쪽, 현재의 불가리아와 지역적으로 겹치는 곳인데, 트라케 사람들은 무역을 위해서, 또는 자국 내 탄광이 많아 트라케의 경험 많은 광산 기술자들이 아테네의 라우리온 은광에서 일하기 위해 아테네에 거류외국인으로 살고 있었다. 달과 사냥의 여신 벤디스 여신에게 기도도 드리고 축제 행렬도 구경한 후에, 소크라테스와 그를 모시고 온 글라우콘 등의 일행은 집으로 돌아가기 위해 아테네로 발걸음을 돌리던 참이었다. 멀리서 일행을 알아본 폴레마르코스가 점잖게 하인을 먼저 보내 일행을 멈춰 세워 기다리게 하고, 잠시 후 나타나 인사를 한다. 그런데 정작 폴레마르코스는 소크라테스를 만나 우격다짐으로라도 그를 자기 집으로 모셔가겠다고 하고, 소크라테스는 자신을 놓아주게 설득할 길은 없겠냐고 묻지만 폴레마르코스는 아예 설득의 말을 듣지 않겠노라고 한다. 이렇게 어색한 환대의 분위기 속에서 저녁에 마상 횃불 경주가 있다는 말이 나오면서 저녁 때까지 폴레마르코스의 집에서 기다리기로 하고 일행은 폴레마르코스의 집으로 향한다.

폴레마르코스는 페이라이에우스에 사는 거류외국인 케팔로스의 맏아들로, 케팔로스는 이탈리아의 시칠리아 섬에 있던 시라쿠사라는 스파르타 식민도시 출신이다. 그는 아테네의 위대한 정치가 페리클레스의 권유로 아테네에 정착하고 100여 명의 노예들로 무기공장을 운영해 큰 재산을 모은 사람이다. 페이라이에우스는 이처럼 트라케의 거류외국인들이 고향의 여신을 기리는 축제를 벌이고 다른 폴리스 출신의 사업가가 큰돈을 벌어들일 수 있는 개방적인 국제 항구로서의 면모를 갖추고 있었다. 이렇게 된 데에는 페르시아 전쟁을 승리로 이끌고, 전후에도 잔존하는 페르시아의 위협에 맞서 델로스 동맹을 주도했던 아테네의 위상이 일차적인 원인이었겠지만, 전통의 농업 중심에서 벗어나 기원전 5세기부터 상업과 무역 중심의 경제 장려 정책이 시작되었던 것도 주효했다.

벤디스 여신의 축제 구경과 폴레마르코스와의 조우는 아테네의 융성을 단편적으로 보여주는 일화들이지만, 다른 한편으로는 아테네의 몰락을 당대의 독자들에게 바로 상기해주는 일화이기도 하다. 학자들이 추정하기로 플라톤이 『국가』를 집필한 시기는 대략 기원전 377~367년 무렵이다. 플라톤의 나이 50~60세 사이다. 그런데 『국가』의 대화가 이루어지는 것으로 학자들이 추정하는 시기는 크게 두 가지로, 기원전 410~411년설과 기원전 430년설이다. 그러니까 플라톤의 『국가』가 나올 당시 아테네와 아카데메이아의 독자들보다 30여 년에서 60여 년 전 이야기를 듣고 있는 것이다. 추정된 두 시기 모두는 431년부터 404년까지 이어진 펠로폰네소스 전쟁 시기에 속한다.

이 시기에 아테네에는 어떤 일이 있었던 것일까? 페르시아 전쟁 이후 잔존하는 페르시아의 군사적 위협에 대응하고 소아시아의 이오니아 지역에 있던 그리스 식민도시들을 페르시아로부터 해방하려는 목적으로 델로스 동맹이 결성됐다. 이 동맹에 스파르타는 소극적이었던 반면, 적극적으로 주도적 역할을 했던 아테네는 델로스 동맹의 맹주가 된다. 이후 아테네는 맹주를 넘어 델로스 동맹의 동맹국들을 지배하는 제국이 됨으로써 동맹국들의 원성을 사고, 급기야 스파르타 중심의 펠로폰네소스 동맹과 전쟁을 벌인다. 30년 가까이 이어진 전쟁에서 결국 아테네는 패하고, 아테네에서 페이라이에우스에 이르는 도

아카데미아의 독자들

플라톤은 그의 나이 40세 무렵에 아테네 근교에 있던 아카데미아에 철학학교를
세운다. 아카데미아는 원래 아테네의 전설적인 영웅 아카데모스를 기리는 곳으
로 체육관 등이 있던 곳이기도 하다. 플라톤은 이곳에 철학학교를 열어 제자들을
양성했는데, 플라톤의 대화편들은 이곳의 학생들이 수업하기 위한 교재로 활용
되기도 했을 것이다.

로를 방어할 목적으로 세워진 장성을 철거하는 등의 조건으로
평화협정이 체결되었다. 스파르타는 본국으로 철수하면서 친
스파르타 성향의 30인 참주정을 아테네에 세웠고, 그들은 8개
월이라는 짧은 기간에 1,500명 이상의 사람들을 재판 없이 처
형하고 수백 명의 민주파 인사들을 추방하는 폭정을 저지른다.
결국 추방에서 돌아온 민주파의 내란에 의해 참주정은 축출되
지만, 그 와중에 『국가』 1권에 등장한 폴레마르코스는 처형되
고 그의 집안의 재산은 몰수된다. 그리스의 10대 연설가에 드
는 명연설문 작성가였던 동생 뤼시아스는 탈출에 성공해 국외
에 머물다 민주파와 함께 아테네에 돌아와 30인 참주정을 몰
아내고, 자신의 집안의 비극을 아테네에 알렸다. 그리고 소크
라테스는 회복된 민주정 치하에서 기원전 399년 "젊은이들을
망치고, 국가가 믿는 신들을 믿지 않고 다른 새로운 신령스러

운 것들을 믿음으로써 불의을 행하고 있다"고 고발되어 아테네 법정에서 사형을 언도받고 죽는다. 이 모든 일들을 같이 겪거나 어른들로부터 들어 생생하게 기억하고 있는 아테네 사람들이 그런 폴레마르코스의 집에서 그런 소크라테스가 정의에 대해서 논의하는 이야기를 듣는 것이다. 불의를 저질러 몰락한 아테네의 과거에, 불의에 의해 몰락한 집안에서, 불의에 의해 죽은 사람들이 정의에 대해 논의하는 이야기를 듣는 것이니, 플라톤은 1권의 도입부 몇 줄로 이미 아테네 시민들의 귀와 눈을 사로잡았을 것이다.

소크라테스, 노년의 케팔로스와 정의에 대해 대화하다

폴레마르코스와 함께 들어선 집에는 폴레마르코스의 아버지 케팔로스가 노년의 문턱에 들어선 몸으로 제물을 바치고 있었다. 그는 다른 아들들 에우튀데모스와 뤼시아스와 함께 있었다. 뿐만 아니라 후일 연설가가 되는 카르만티데스, 아테네 정계에서 민주파로 활동했던 클레이토폰이 같이 있었으며, 밖에서 벌어지는 다국적 축제에 걸맞게 흑해 입구의 칼케돈 출신의 소피스트 트라쉬마코스도 있었다. 꼭 축제일이라서가 아니라도 부유한 그리스인들이 자신의 집에 손님을 부르고 식객으로 두어 자신의 부를 과시하고 좋은 평판을 얻으려 했다는 것은 잘 알려진 사실이다. 케팔로스 역시 성공한 사업가로서 많은 손님을 맞았고, 소크라테스에게도 만나자마자 자신의 집을 자주 찾지 않는다고 타박을 한다. 자신의 기력이 쇠해 직접 아테네 도심으로 찾아갈 수가 없다는 점잖은 이유를 대지만, 그가 유명인들을 손님으로 맞아 이를 과시하는 것을 즐긴다는 것을 생각하면 내심 서운한 마음이었을 것이다. 트라쉬마코스처럼 아테네 사람이 아니면서 아테네에서 성공한 소피스트가 그의 집에 있는 것이 그 증거가 된다.

나이가 드니 육체적 즐거움보다 '이야기' 나누는 즐거움이 더 크다는 케팔로스에게 소크라테스는 자신 역시 연로한 분들과 '대화' 나누기를 좋아한다고 말한다. 그는 케팔로스를 노년의 길을 먼저 가는 선배라며 노년이 인생의 힘든 시기인지를 묻는다. 이에 케팔로스는 자신의 동년배 친구들은 이런저런 삶의 고충을 이야기하며 그것이 다 나이 든 탓이라고 불평하지만 사실 그 원인은 나이가 아니라 성격(또는 생활방식) 탓이라고 한다. 품행이 반듯하고 쉬이 만족할 줄 아는 성품의 소유자라면 노년도 견딜 만한 것이고 그렇지 못하면 젊음마저도 감당하지 못한다는 게 케팔로스의 말이다. 소크라테스는 액자 밖 대화자에게 케팔로스의 이 말에 짐짓 자신이 감동받았다고 말하며 그가 말하는 것을 더 듣고 싶어서 그를 흔들어봤다고 말한다. 케팔로스에게 당신이 노년을 쉽게 견디는 것은 성격 덕택이 아니라 돈이 많기 때문 아니냐고 물은 것이다. 점잖게 덕담을 주고받는 분위기에서 따지는 분위기로 슬쩍 바뀐다.

이제 시작이다. 플라톤의 다른 대화편들에서도 그렇듯 여기서도 소크라테스는 일상적인 대화를 나누다 한마디씩 툭툭 던져서 서서히 토론 분위기로 이끌어간다. 이에 대해 케팔로스는 페르시아 전쟁의 영웅 테미스토클레스의 일화를 예로 들어 '테미스토클레스가 아테네가 아닌 어느 작은 폴리스에 태어났으면 그가 유명해지지 못했겠지만, 평범한 사람이 아테네에 산다고 유명해지지는 않듯이 성품이 괜찮은 사람도 가난해서는 가난을 견디기 힘들 것이지만 성품이 괜찮지 않고서는 돈이 많더라도 만족을 모르기 때문에 힘들 것'이라며 점잖게 한발 물러선다(330a). 하지만 상대가 점잖게 나온다고 호락호락 물러설 소크라테스가 아니다. 소크라테스는 다시 케팔로스에게 물어 그의 재산이 아버지가 물려준 재산보다 상당히 더 불어났다는 대답을 받아낸다. 그러면서 케팔로스가 돈에 대한 애착이 적어 보이는 것이 물려받은 재산 때문에 그런 줄 알았다고 질문의 이유를 덧붙인다. 그러면서도 소크라테스는 다시 케팔로

테미스토클레스

테미스토클레스(Themistoklēs, 기원전 528? ~462?)는 아테네의 정치가이자 장군이다. 1차 페르시아 전쟁 때 마라톤 전투에 장군으로 참여했던 그는 페르시아의 2차 침공을 대비하는 과정에서 해군력의 증강에 힘쓸 것을 역설했다. 이 과정에서 페르시아의 침공을 우려해 델피의 아폴론 신전에서 받아온 "나무로 아테네에 울타리를 두르라"란 신탁을 나무로 배를 만들어서 해군을 강화하라고 해석한 테미스토클레스의 일화는 유명하다. 200척의 삼단노선을 건조한 그는 기원전 480년에 살라미스 해전에서 대승을 거두어 전쟁의 전기를 마련했고, 결국 2차 페르시아 전쟁은 그리스 연합군의 승리로 끝났다. 그러나 그후 테미스토클레스는 권력 다툼에서 져서 페르시아 왕과 내통한다는 모함을 받아 페르시아로 탈출해 페르시아 왕의 보호 아래 여생을 보냈다.

스에게 돈이 많아서 좋은 점이 무엇인지를 묻는다. 이에 케팔로스는 저세상에 가까워진 나이에는 생전에 부정의한 짓을 해서 저승에서 벌을 받지는 않을까 하는 두려움에 떨게 되는데, 돈이 있으면 누구를 속이거나 거짓말을 하지 않아도 되고 빚을 진 채 죽지 않아도 되니 좋다고 말한다. 점잖게 나이 든 사업가의 도덕성을 잘 보여준 말이었다.

정의에 대한 케팔로스의 말을 소크라테스가 반박하다

이제 이 책의 주제인 정의가 부정의를 통해 나왔다. 노년이 되면 생전에 부정의한 짓을 했을까 걱정된다는 말을 놓치지 않고 소크라테스는 정의가 무엇인지에 대한 도전적인 질문을 던진다. 케팔로스의 말을 '정의가 진실성이고 누군가에게 받았던 것을 돌려주는 것이라고 요약한 소크라테스는 친구가 제정신일 때 맡긴 무기를 제정신이 아닌 상태로 와서 돌려달라고 할 때 돌려줘야 하느냐는 것'이다(331c). 이런 경우에 사람들은 돌려주지 말아야 하며, 진실을 다 말해서도 안 되고, 돌려주거나 진실을 말하는 사람은 정의롭지 못하다고들 한다고 소크라테스는 덧붙인다. 여기서 우리는 소크라테스의 집요한 질문에 대해 불편함을 느낄 수도 있다. 점잖고 경건하게 나이 든, 손님맞이를 좋아하고 겸손하기까지 한 케팔로스의 온유한 대답을 이렇게까지 물고 늘어질 일인가 싶을 수도 있다. 하지만 이게 철학이고 소크라테스다. 안락한 삶에 맞장구쳐주는 게 아니라 진짜 튼튼한 토대 위에 있는지 흔들어보고 확인하는 것이 철학이고 소크라테스다. 케팔로스의 좋은 말들은 상황에 의존해 있고 수동적이다. 적당히 물려받은 재산을 적당히 불려서 그 돈으로 노년의 안락함을 사고, 사후의 두려움으로부터 벗어났지만,

그것은 노년의 체념이 섞인 수동적인 도덕이고 개인적인 윤리일 뿐이다. 그것은 자신의 온 삶을 던져 이뤄낸 영혼의 균형이 아니고, 그래서 상황이 바뀌면 경험의 지혜는 바닥을 드러내고 개인의 삶은 사회의 격변에 휩쓸려 비극을 맞을 수 있다.

폴레마르코스, 아버지의 논의를 이어받다

난처해진 케팔로스는 제사를 모셔야 한다는 이유로 논의를 다른 사람들에게 넘기고 폴레마르코스는 아버지의 상속자라며 논의를 이어받는다. 폴레마르코스란 이름은 본래 '전쟁의 지휘관'을 이르던 말이었는데, 아테네에서는 차차 군사적인 실권이 '스트라테고스', 즉 장군에게 넘어가고 폴레마르코스는 아테네의 9명의 고위 행정관 중 서열 3위의 '거류민들의 소송'을 맡아보는 관직의 이름이 되었다. 아테네에서 거류외인들은 각종 세금을 내는 의무를 지고 군역도 해야 했지만 지휘관의 지위에도 고위 관직에도 오를 수 없었고 토지를 소유할 수도 없었다. 그러니 경제적 이유 때문에 조국을 등졌던 실향민 아닌 실향민 케팔로스의 아들 폴레마르코스에게 '폴레마르코스'는 예나 지금이나 오를 수 없는 자리, 아버지 케팔로스의 고

향 시라쿠사에서나 꿈꿔볼 수 있는 자리의 이름인 것이다. 그
런 그가 이제 본격적인 논전의 선봉장을 맡는다.

폴레마르코스는 아버지의 상속자답게 케팔로스의 마지막
대답을 자신의 유산으로 받는다. 그래서 논의는 케팔로스가 정
의에 대해 갖고 있는 '정의는 진실성이고 누군가에게 받았던
것을 돌려주는 것'이라는 생각을 소크라테스의 반론에 대응
해 재해석하는 것으로 출발한다. 폴레마르코스는 '각자에게 빚
진 것을 갚는 것'으로 정의를 규정한다. 그리고 '각자'를 친구
와 적으로 구별해 친구에게는 좋은 것을, 적에게는 나쁜 것을
빚졌다고 한다. 그렇게 해서 케팔로스가 막연하게 '누군가에게
받았던 것'이라고 해서 처했던 곤경으로부터 아버지의 논의를
구하려 한다. 그런데 여기에는 친구와 적을 구별하는 이분법이
적용된다. 구별은 구별이 적용되는 대상의 특성에 따라 적절할
수도 있고 부적절할 수도 있다. 피아를 식별하는 것이 정의에
는 적절한 것일까?

이러한 폴레마르코스의 대응에 대해 소크라테스는 우선
'빚진 것'이라는 애매한 말을 '합당한 것'이라는 말로 바꿔 '각
자에게 합당한 것을 주는 것'을 정의로 규정한다. 그리고 의술
이 몸에게 약과 먹고 마시는 것을 주고 요리술이 맛을 주는 기
술이라면 정의는 누구에게 무엇을 주는 기술인지를 묻는다. 정

의라는 덕목이 기술인지를 따지지도 않고 대뜸 이렇게 물었는데도 폴레마르코스는 '친구들에게는 이로움을, 적에게는 해로움을 주는 기술'이라고 얼른 대답한다. 그리고 이에 대해 소크라테스는 의술이 병이나 건강과 관련해서, 키잡이가 바람의 위험과 관련해서 그렇듯이 정의는 무슨 일과 관련해서 친구를 이롭게 하고 적을 해롭게 하는 기술인지를 묻고, 다시 폴레마르코스는 '전쟁을 벌이는 행위와 동맹을 맺는 행위에서'라고 답한다. 그러자 소크라테스는 전쟁을 하지 않는 경우에는 정의가 쓸모없는 것인지를 묻고, 다시 폴레마르코스는 평화시에는 계약과 같은 협력 관계와 관련해서 쓸모 있다고 답한다. 역시 소크라테스는 건축, 악기 연주 등에는 각기 그것을 잘하는 사람이 좋은 협력자일 텐데, 정의로운 사람은 무엇과 관련해서 좋은 협력자인지를 묻는다. 폴레마르코스는 돈에 대해 협력할 때라고 답하지만, 돈을 사용할 때는 돈의 사용 용도와 관련해서 유능한 사람이, 즉 사용 용도에 맞는 전문가가 좋은 협력자일 테니, 정의로운 사람은 돈을 사용하지 않고 맡겨둘 때나 좋은 협력자가 된다.

'정의(dikaiosynē)'라는 추상명사가 도출된 '정의롭다(dikaios)'는 본래 '신과 인간들과 관련된 사회적 규칙 또는 의무를 준수하는'이라는 의미를 가졌다. 처음에 폴레마르코스는 자기 이름답게 전쟁만을 염두에 두고 '정의롭다'란 말을 썼을 것이다. 그래서 적과 맞서 용감하게 싸우고 친구들을 지켜야 하는 사회적 규칙을 준수하는, 친구에게는 좋고 적에게는 악몽인 사람을 떠올렸을 것이다. 하지만 정의는 전시에만 국한되지 않는다. 여기서 정의라는 덕과 다른 기술의 차이점이 하나 나타난다. 기술은 어떤 영역과 쓸모에 한정되어 있지만 덕은 인간 삶의 전반에 관여한다. 그래서 소크라테스가 논의 없이 '덕이 기술'임을 전제하고 묻는 질문에 무심코 폴레마르코스가 영역과 쓸모에 맞춰 답하다 보니 곤경에 처하게 된 것이다. 게다가 소크라테스는 그 사회적 규칙이 옳은지, 그리고 왜 옳은지를 묻는다. 사회적 규칙은 그때그때 그 사회가 처한 상황에 따라 만들어진다. 그 사회의 상황이 바뀌지 않고 지속되는 한 그 규칙은 유용하다. 그러나 사회가 변해 친구가 적이 되고, 적이 친구가 되는 세상이 오면 이 규칙은 더는 유용하지 않아 사람들은 영원한 친구도 영원한 적도 없는 거친 바다를 표류하거나, 새로운 규칙을 세워야 한다. 소크라테스가 찾는 것은 어떤 상황에도 적용할 수 있는 보편타당한 규칙이다.

폴레마르코스, 소크라테스의 질문에 말문이 막히다

폴레마르코스와의 첫 번째 논의를 마무리짓기 위해 소크라테스는 마지막으로, 권투 잘하는 사람이 공격에도 방어에도 능하고 병 고치는 데 능한 의사가 병이 나게 하는 데도 능하며 군대를 잘 지키는 수호자가 적의 계략을 잘 훔치는 데 능한 도둑이기도 하다는 점을 들어, 돈을 지키는 데 유능한 정의로운 사람은 일종의 도둑이기도 하다고 말한다. 여기서 그동안 소크라테스의 말에 계속 동의하던 폴레마르코스는 그건 아닌 것 같다고 말하지만, 이제는 자신이 무슨 말을 하는 건지도 모르겠다고 실토한다. 문답에 의한 소크라테스의 논박(elenchos)에 의해 답을 찾을 수 없는 난문(aporia)의 난처한 상태에 빠진 것이다. 앞에서 폴레마르코스가 전쟁을 염두에 두고 정의를 규정했다가 평화시에도 정의가 필요한 것이어야 한다는 데 생각이 미쳤듯이, 여기서도 정의는 다른 기술이 갖는 양면성을 가져서는 안 된다는 데 생각이 미쳤기 때문이다. 용기가 전쟁터에서 발휘되는 남자의 능력이었다가 평화시에도 불의함을 참지 않고 정의로운 일에 나서는 성품이 되듯이, 정의 역시 전쟁터만이 아니라 인간 삶의 전반에 작동하는 기술 아닌 기술이라는 것을 어렴풋이 느끼고 있으나 이를 완전히 자각하지는 못하기 때문에 폴레마르코스는 이런 난처한 상황에 처한 것이다.

자기가 무슨 말을 하고 있는지 모르겠다고 하면서도 폴레마르코스는 여전히 '친구를 이롭게 하고 적을 해롭게 하는 것이 정의'라는 애초의 생각을 고수한다. 바로 앞에서 그가 처한 난문 상태가 정의의 영역을 제한했기 때문에 발생한 것이었는데도 여전히 정의를 대상에 따라 달리 규정하고 있는 것이다. 이에 대해 소크라테스는 폴레마르코스가 말하는 친구가 누구인지를 묻는다. 우선 그는 친구(philos)가 '쓸 만한(chrēstos)' 사람인지 묻는데, 각자가 보기에 그런 사람이 친구인지 실제로 그런 사람이 친구인지 묻는다. 그런데 이 질문은 모호한 질문이다. '각자가 보기에 쓸 만한 사람'은 달리 말하면 '각자가 판단하기에'가 되는데, 이 판단이 지향하는 것이 각자에게 '쓸모가 되는 것'인지 '누가 보기에도 쓸모 있는 것'인지 모호한 것이다. 게다가 '쓸 만한'으로 번역한 말은 '좋은'으로도 번역할 수 있는 말이라서 이 애매함을 강화한다. 나에게 쓸 만한 사람인지, 아니면 누가 보더라도 좋은 사람인지 모호한 것이다. 여기에 대해 폴레마르코스는 '사람들은 각자가 생각하기에 쓸 만한 사람을 좋아하고, 몹쓸 사람이라고 생각하는 사람을 미워한다'고 막연히 대답하지만, 덧붙여 소크라테스가 사람들은 판단하는 데 실수도 하니 실수할 경우에 좋은(agathos) 사람이 적이

논박술

'논박'으로 번역한 'elenchos'는 일상적으로는 '검토'라고 번역한다. 그러니까 말 그대로는 상대방의 주장이 맞는지 틀리는지 검토해보는 것인데, 소크라테스의 검토는 대화 상대방이 소크라테스의 질문에 대답하지 못하고 자신의 무지를 실토하는 것으로 끝나기 때문에 '논박'이라고 번역한다. 소크라테스는 먼저 질문을 해서 상대방의 주장을 듣고, 그 주장을 구성하는 전제들 중 어느 하나에 대해 질문하기 시작해서 이에 대한 상대방의 동의를 토대로 처음 주장과 반대되는 결론에 이르게 함으로써 자승자박의 상황을 만든다. 이 상황이 되면 상대방은 더이상 소크라테스의 질문에 답하지 못하는 상태에 빠지는데, 이를 난문(aporia), 즉 더이상 답을 할 수 없는 상태라고 한다.

되고, 나쁜 사람이 친구가 되는 경우가 생기고, 그 경우 몹쓸 사람을 이롭게 하고 좋은 사람을 해롭게 하는 것이 정의가 되어 부정의한 짓을 저지르지 않는 사람에게 나쁘게 하는 것이 정의가 된다는 결론을 끌어냄으로써 폴레마르코스에게서 그런 논변은 몹쓸 논변이라는 대답을 받아낸다(334d).

이 과정에서 소크라테스는 '쓸 만한(chrēstos)'→'좋은 (agathos)'→'정의로운(dikaios)'으로 용어를 바꿔가며 논의를 진행했다. 이 세 가지 말은 유사한 뜻을 가진 말이기는 하지만 왼쪽에서 오른쪽으로 갈수록 점진적으로 편향성을 가진 의미에서 보편적인 의미로 확장되는 흐름이라서 소크라테스가 지금 향하고 있는 방향이 어디인지를 잘 보여준다. 쓸 만한 사람은 자기 일을 잘 하기 때문에 쓸 만하지만 나와 관련해서는 그 일이 나에게 유용할 수도 해로울 수도 있다. 또 좋은 사람도 나에게만 좋은 사람일 수는 있지만 '좋은(agathos)'은 본래 '집안(출신)이 좋은'이란 뜻에서 온 말이라 다분히 객관적인 말이고, '정의로운 사람'은 '불편부당한 사람'이니 사적이지 않고 보편적이다. 이렇게 해서 폴레마르코스는 친구와 적에 대한 규정을 바꾸게 되어 '좋은 사람인 친구에게는 잘하고 나쁜 사람인 적에게는 해롭게 하는 것'이 정의라고 규정하게 된다.

이쯤에서 지금까지 소크라테스와 폴레마르코스 사이에서 진행된 정의의 규정에 대한 논의를 간단히 정리해보자. 처음에 폴레마르코스는 '각자에게 빚진 것을 갚는 것'이라고 했고, 이 것을 소크라테스는 '각자에게 합당한 것을 주는 것'이라고 수정했다. 이후 소크라테스는 이 규정 자체보다는 이 규정을 구성하는 용어들에 대한 폴레마르코스의 이해를 따져 물어 수정하게 했다. 첫째, '각자'를 '친구와 적'으로 구별하는 폴레마르코스에게 정의가 전쟁에만 국한된 것이 아님을 일깨웠다. 둘째, 정의는 친구에게 합당한 무엇을 주느냐는 문제와 관련해서 막연하게 이익이라고 생각한 폴레마르코스로 하여금 정의가 주는 고유의 합당한 것은 여타의 기술이 주는 것과는 다른 것이라는 데 생각이 미치게 했다. 셋째, '친구와 적'을 구별하는 기준을 '나에게, 또는 내가 보기에 좋은 또는 나쁜'이 아니라 '그 자체로 좋은 또는 나쁜'으로 바꾸게 했다. 이것은 '정의'가 갖는 불편부당하고 공정한 성격 때문에 '친구와 적'의 구별이 '정의'에 대한 규정 요소로는 부적합했기 때문이었다.

이제 마지막으로, '친구를 이롭게 하고 적을 해롭게 한다'는 폴레마르코스의 정의에 대한 이해에 대해 소크라테스는 비록 적이라고 할지라도 그를 해롭게 하는 것이 정의로운 사람이 할 일인지를 묻는다. 이와 관련해서 우선 소크라테스는 '정의'를 '탁월함(aretē)'으로 규정한다. 이것은 별다른 논의 없이 폴레마르코스에게 받아들여진다. '탁월함'으로 번역한 '아레테'는 '덕(virtue)'이라고도 번역되는 말로, 고전기 아테네의 여러 문헌에서뿐만 아니라 『국가』 안에서도 두 가지 의미로 여러 차례 사용된다. 그 이유는 본래 '아레테'는 특정한 직업 종사자의 기술이나 그 기술의 산물의 훌륭함(aretē)에 사용되던 말이었는데, 고전기 그리스에 와서 인간 자체의 훌륭함을 표현하는 말로 사용되기 시작했기 때문에 이 두 가지 의미가 혼용되는 것이다. 이것은 좀 전에 폴레마르코스의 논의에서 일반 기술과 덕의 같고 다른 점이 나타나는 것과 맥락을 같이한다. 그래서 폴레마르코스에게 이 '탁월함'에 정의뿐만 아니라 용기, 지혜, 절제, 경건 등의 덕목들이 들어가는 것이 자연스러웠고, 그래서 별다른 이견 없이 소크라테스의 이 전제를 받아들인 것이다. 그렇지만 이 덕목들이 일반 기술의 훌륭함과 같은지 다른지에 대한 명확한 의식이 폴레마르코스에게는 없기 때문에 그런 구별이 이루어지지 않는 '탁월함'이란 번역이 여기서는 적절하다.

정의는 악인을 해롭게 하는가

폴레마르코스는 정의로운 사람은 악한 자인 적을 해롭게 해야 한다고 생각한다. 정의의 용사는 악당을 물리친다고 생각하는 우리의 생각과 다를 바가 없다. 그런데 악을 물리치는 게 악당을 해롭게 하는 것일까? 누군가를 해롭게 한다는 것은 탁월함의 측면에서 나쁘게 만드는 것이다. 그런데 정의는 사람으로서의 탁월함 즉 덕인데, 다른 기술들이 그 기술의 탁월함으로 대상을 더 낫게 만드는 반면 정의의 탁월함은 다른 사람을 더 못하게 만들 수가 있을까? 뭔가를 차게 하는 것이 뜨거움의 기능(ergon)이 아니듯 해를 끼치는 것은 좋은 사람인 정의로운 사람이 하는 기능이 아니지 않은가. 소크라테스가 폴레마르코스에게 한 말이다. 이렇게 해서 폴레마르코스는 "각자에게 빚진 것을 갚는 것이 정의로운 것이라고 말한다면, 그리고 정의로운 사람은 적에게는 해로움을 빚지고 친구에게는 이로움을 빚지고 있다는 의미로 말한 것이라면, 그런 말을 한 사람은 지혜롭지 못한 것"(335e)이라는 소크라테스의 말에 동의한다. 우리는 여기서 소크라테스가 피아를 구별하는 은혜와 원수의 오래된 세계관을 뛰어넘어 윤리적 세계관에 도달하는 장면을 본다. 원수를 사랑하라는 데까지는 못 갔지만, 윤리적 행위의 최상에 도달한 것이다. 사실 원수를 사랑해야 하는 이유는 논리적으로 설명할 수 없을 것이다. 그것은 인간에 대한 신의 사랑에 빗대어 이해될 수 있을 뿐이다. 하지만 피아를 구별하는 것이 윤리적이지 않음은 이렇게 논리적으로 설명된다. 이렇게 해서 폴레마르코스를 상대로 한 소크라테스의 논박은 일단락되었다.

마무리하면서 소크라테스는 앞에서 말한 그런 말을 하는 사람들은 지혜로운 사람들이 아니고 페리안드로스, 페르딕카스, 크세륵세스, 이스메니아스 같은, 자신이 대단한 권력을 가졌다고 생각하는 부자들이 하는 말이라고 주장한다. 페리안드로스는 코린토스의 참주이고, 페르딕카스는 마케도니아의 왕이며 크세륵세스는 페르시아의 왕이다. 마지막 사람 이스메니아스는 테베의 정치가로 페르시아의 돈을 받고 스파르타를 상대로 전쟁을 일으킨 사람이다. 그러니까 이들은 실제로 막강한 권력을 가졌거나 돈을 받고 부정한 일을 한 부자이다. 그런데도 소크라테스가 이들이 실제로 막강한 권력을 가진 게 아니라 그렇다고 생각할 뿐이라고 하는 이유는 이들 참주나 왕은 자기 자신을 제어할 능력조차 없는 존재로서 자기 자신의 주인이 아니라고 생각하기 때문이다. 플라톤은 『국가』 8권과 9권에 걸쳐 이들이 가장 불행한 사람들임을 증명한다. 그런데 이미 1권에서 플라톤은 이들을 강자의 이익을 대변하는 부자들의 세계관을 지닌 인물들로 지목한다. 이 세계관에서는 친구와 적을 구별해 편파적으로 선과 악을 행하고 이해관계에 따라 행동하는 것이 정의로운 것이다. 폴레마르코스는 이 세계관을 아버지 케팔로스로부터 상속받았다. 사람들은 자신들의 사회적 지위나 출신, 경제적 이해관계에 따라 다른 세계관을 갖는다는 것은 이미 우리에게 익숙한 생각이다. 하지만 플라톤은 『국가』 1권에서 케팔로스와 폴레마르코스를 상대로 한 논의를 정리하면서 슬쩍 운을 떼고, 8권과 9권에서는 본격적으로 각 사람들의 가치관은 그 사람들이 나고 자란 가정 환경과 사회적 분위기와 적극적으로 연계되어 있다는 생각을 펼친다.

트라쉬마코스, 강자의 세계관을 들고 논의에 난입하다

농지가 적고 척박해 일찍부터 교역을 통해 식량을 수입해야 했던 아테네인들은 항해의 경험이 많았다. 그들의 말에 따르면, 바다에 풍랑이 일면 세 번째 이는 파도가 가장 거칠다고 한다. 케팔로스와 폴레마르코스로 이어진 두 개의 파도를 넘은 소크라테스에게 이제 가장 세찬 파도가 밀려온다. 그때까지 곁에서 논의를 듣고만 있던 트라쉬마코스가 논의에 뛰어든 것이다.

앞에서도 말했듯이 『국가』 1권은 따로 '트라쉬마코스'라는 별칭으로도 불린다. 그 정도로 『국가』 1권에서 트라쉬마코스와 벌인 논쟁은 강렬한 인상을 남긴다. 플라톤은 그의 등장부터 아주 강렬한 인상을 주게 묘사했다. 트라쉬마코스는 두 사람의 논의를 끊고 난입하려고 했는데 다른 사람들이 제지하는 바람에 못하고 있다가, 소크라테스가 잠시 뜸을 들이는 사이에 마치 야수가 몸을 잔뜩 웅크리고 있다가 먹잇감을 덮치며 찢어발길 듯이 달려들었다는 것이다. 트라쉬마코스는 두 사람이 점잖게 양보나 하고 있다며 소크라테스는 남이 대답하면 그걸 다시 캐묻는 식으로 쉽게 논박이나 하고 박수나 받으려고 들지 말고 직접 대답하라고 다그친다. 정의로운 것을 "마땅히 그래야 하는 것이라든가, 이로운 것이라든가, 유익한 것이라든가, 득이 되는 것이라든가, 이익이 되는 것" 등의 시시껄렁한 소리를 하지 말고 분명하고 엄밀하게 말하라고 요구한다.

트라쉬마코스의 이 무례한 요구들은 지금 상황에서는 잘 이해가 안 간다. 그래서 소크라테스도 우리가 지금 황금과도 같은 정의의 규정을 찾고 있는데, 어찌 양보를 하겠으며, 12가 6의 두 배거나 4의 세 배라는 식의 당연한 이야기도 하지 말라는 소리냐고 항변한다(337b). 그렇지만 옥신각신 끝에 트라쉬마코스가 내놓은 대답, '정의는 강자의 이익'이란 말과 대비하면 트라쉬마코스의 일갈이 어떤 태도에서 나온 것인지 짐작할 수 있다. 트라쉬마코스에게는 소크라테스와 폴레마르코스의 이야기가 밥 먹고 할일없는 사람들이 점잔빼며 하는 철없는 소리였던 것이다. 세상은 그렇게 호락호락하지 않아서 당신들이 꽤나 좋은 것이라고 생각하는 정의는 사실 강한 자들의 이익에 복속하는 이데올로기라는 것이 곧 나올 트라쉬마코스의 대답이다. 세상은 그의 이름처럼 '거친(thrasys)' '싸움터(machos)'라는 것이다.

질문만 해대지 말고 대답을 하되, 분명하고 엄밀하게 말하라고 했지만, 사실 트라쉬마코스는 자기가 하고 싶은 말이 있어서 논의에 끼어들었다. 주로 아테네 사람이 아닌 외지인들인 소피스트들은 당시 번성하던 아테네와 아테네의 민주주의의 바람을 타고 아테네에 들어와 명문가의 자제들에게 민주주의파 정치가의 무기인 연설술을 가르쳐주고 큰돈을 벌었던 일군의 직업교사들이었다. 이들은 자신의 명성을 쌓기 위해서 사람들 앞에서 자신의 논변 솜씨를 선보이는 연설 또는 강연(epideixis)을 한자락씩 하곤 했는데, 이제 트라쉬마코스가 선보일 정의에 관한 이야기도 트라쉬마코스가 준비한 비장의 카드였을 것이다. 소크라테스에게 쏠려 있는 대중, 특히 명문가 자제들의 관심을 자신에게 쏠리게 할 한 방 말이다.

그래서 트라쉬마코스는 소크라테스의 답을 요구하는 척하다가 소크라테스를 비롯한 사람들의 요청으로 마지못해 하는 듯 정의에 대한 자신의 답을 말한다. "난 정의로운 것은 강자의 이익 말고 다른 어떤 게 아니라고 주장합니다."(338c) 그런데 호기롭게 밝힌 트라쉬마코스의 주장에 대한 소크라테스의 반응이 뜨악하다. '강자(ho kreittōn)'가 누구냐는 게 소크라테스의 첫 반응이기 때문이다. 힘이 센 사람이 강자라면 운동선수에게 고기가 이롭다고 해서 일반인에게도 이롭다는 소리는 아닐 거 아니냐며 소크라테스가 트라쉬마코스의 주장에서 김을 뺀다. 소크라테스가 능청스럽게 트라쉬마코스의 주장의 모호함을 꼬집어서 그렇지, '정의는 강자의 이익'이라는 주장은 그

시대의 트렌드였다.

펠로폰네소스 전쟁은 아테네가 제국주의 정책을 취하면서 발발했다고 앞에서 밝혔다. 펠로폰네소스 전쟁 초기인 기원전 427년, 델로스 동맹의 동맹국이었던 레스보스 섬의 뮈틸레네가 아테네의 제국 정책에 반기를 들고 봉기했으나 아테네에 의해 진압되었고 전후 처리를 두고 아테네 민회에서 논란이 있었다. 성인 남자를 모두 죽이고 여자들과 아이들을 노예로 팔자는 강경파와 지나치게 가혹한 처사라는 온건파가 대립했으나, 온건파가 결국 이겨서 끔찍한 일은 벌어지지 않았다. 하지만 민회에서 벌인 이 논란 중에 아테네가 참주 지배 체제이며 힘의 우위를 중시하고, 정의와 불의가 아니라 이익을 따져야 한다는 논의가 주를 이루었다. 그러나 그후 10년이 좀 지난 기원전 416년, 펠로폰네소스 전쟁에서 중립을 지키던 멜로스에게 자신들과 동맹을 맺을 것을 강요하는 아테네의 요구를 멜로스가 거절하자, 마침내 미뤄두었던 뮈틸레네의 참사가 현실화되었다. 포위된 상황에서 멜로스와 아테네군 사이에서 벌어진 협상에서 아테네 협상단은 정의는 대등한 상대들끼리의 것이며 약자는 강자에게 순응해야 한다고 주장했다. 그러면서 언제 입장이 바뀔지 모르니 보편적인 정의의 원칙을 지키는 것이 아테네에게도 궁극적으로 이익이 될 것이라는 멜로스 측

연설술

연설술(rhētorikē)은 보통 '수사학(rhetoric)'으로 많이 통용되는 말이다. 기원전 8세기 호메로스의 서사시에서부터 그 흔적을 찾을 수 있고, 21세기에도 여전히 중요하게 여겨지는 긴 역사의 흐름에서 보면 '수사술'이 더 보편적인 용어일 것이다. 하지만 고대 그리스의 맥락에서 'rhētorikē'에는 단순히 문장을 아름답게 꾸미는 의미가 강조되는 '수사학'보다는 현장의 분위기에 맞춰 즉석 연설을 하는 맥락이 중시되는 '연설술'이 더 적합한 용어다. 플라톤에 따르면 연설술은 기원전 5세기에 시칠리아의 시라쿠사에서 처음 발견되었고, 아리스토텔레스의 『수사학』에 의해 정립되었다. 로마 공화정까지만 해도 법정과 원로원에서 연설하는 기술로서 활용되던 연설술은 제정로마의 시기로 접어들면서 적극적인 현실 참여의 성격이 감소하고 참전 용사를 기리거나 황제의 즉위를 축하하는 형식적인 연설이 강화되면서 문장을 다듬는 기술로 변모했다.

의 주장을 부정하고 아테네 협상단은 이것이 어쩔 수 없는 자연의 본성이라고 말했다. 그러나 다시 10년이 좀 지난 기원전 404년 아테네는 스파르타에 항복하고, 펠로폰네소스 동맹의 일원이었던 테베와 코린토스는 멜로스의 사례를 들어 아테네 시민들을 몰살할 것을 주장한다.

이렇게 폭주하는 시대의 기세를 잠시 누르기라도 하려는 듯 소크라테스는 트라쉬마코스에게 그의 주장이 모호하니 명확히 해달라는 요구를 하고 이에 트라쉬마코스는 비웃는다. 그는 강자는 통치하는 쪽을 말하며 각 정치체제에서 통치 권력은 법을 제정할 때 자신들에게 이익이 되는 쪽으로 제정하고 그것을 정의라고 공포하니 정의는 강자의 것이라고 말한다 (338e). 이에 대해 소크라테스는 정의가 이익이라는 데는 동의하지만 그것이 강자의 이익인지에 대해서는 따져봐야겠다고 한다. 트라쉬마코스는 여전히 이분법의 관점에서 정의의 이익을 취하는 자와 빼앗기는 자를 나누고 있다.

그러자 소크라테스는 폴레마르코스에게 물었듯이 이 통치자들이 실수를 하기도 하냐고 묻는다. 그래서 자신들에게 이익이 되지 않는 법을 만들 때도 있어서, 피통치자들은 그것에 복종하는 것도 정의라고 생각해 법을 지키지만 이런 잘못 만들어진 법에 복종할 때는 정의는 통치자의 이익이 아니라 불이익이 되지 않느냐는 것이다. 이때 확인해두어야 하는 것은 소크라테스가 질문 과정에서 정의를 두 가지로 나누었다는 것이다. 하나는 '강자의 이익'이라는 것이고 다른 하나는 '법에 복종하는 것'이다. 후자는 정의로운 사람의 행위를 규정하는 것으로 폴레마르코스나 케팔로스가 규정한 정의와 같은 종류의 규정이다. 그런데 전자는 정의로운 행동의 결과로서 정의를 규정한 것이다. 즉 정의는 결과적으로 강자에게 좋은 것이라는 의미다. 이 규정은 2권에서 다시 등장하니 미리 기억해둘 필요가 있다.

폴레마르코스와 클레이토폰이 대리전을 치르다

앞서 소크라테스는 쓸 만한 사람인 친구를 잘못 판단할 수도 있느냐고 물어서 폴레마르코스를 궁지로 몬 적이 있는데, 그래서 그런지 방금 전 이야기를 듣고 폴레마르코스가 끼어든다. 강자에게 불이익이 되는 것을 행하는 것도 정의라는 데 트라쉬마코스가 동의한 꼴이 맞다는 것이다. 그러자 이번에는 듣고 있던 클레이토폰이 끼어든다. 그는 아테네의 보수적인 민주파 정치가로 활동했기에, 민주주의의 바람을 타고 아테네에서 승승장구하던 트라쉬마코스와 친분도 있었을 것이고 그의 주장에 동의하는 바도 있었을 듯하다. 클레이토폰은 폴레마르코스가 소크라테스의 증인이 되겠냐는 거냐며 핀잔을 주면서 트라쉬마코스의 말은 "강자가 자기에게 이익이 된다고 생각하는 것을 뜻한 것"이라고 트라쉬마코스의 역성을 든다. 아마 클레이토폰은 폴레마르코스가 앞서서 소크라테스의 질문에 답하여 궁지에 몰린 것을 보면서 이런 식으로 빠져나가야 된다고 생각해두었을 것이다. 그런데 소크라테스는 트라쉬마코스가 자신의 대답을 고쳐도 좋다고 하지만, 정작 트라쉬마코스는 자신의 대답을 번복해 강경한 입장을 취한다. 실수하는 통치자는 진정한 통치자가 아니기 때문에, 자기가 말한 통치자는 실수하지 않는다고 한 것이다.

　플라톤의 작품을 읽을 때, 꼭 잊지 말아야 할 것은 작가가 플라톤이라는 점이다. 소크라테스는 실존했던 인물이고 플라톤의 스승이었으며, 원래 사람들과 만나 이야기하는 것을 즐겼던 것이 사실이다. 그래서 우리는 쉽게 플라톤이 원래 소크라테스가 나눴던 대화를 글로 옮겼나 보다고 생각하기 쉽지만, 이야기가 그렇게 간단하지 않다. 앞에서 작품 설명하면서 간략히 이야기했지만, 플라톤이 이 글을 언제 썼느냐에 대한 논의가 있다고 했다. 실제 있었던 대화를 있는 그대로 옮겼다면 대화가 실제 있었던 때만 따지면 될 일이니 이건 불필요한 논의였을 것이다. 또한 플라톤은 소크라테스의 마지막 10년 정도를 제자로서 함께했을 뿐이니 대화가 성립 가능한 시기에 직접 들을 수 없었던 대화도 많다. 그리고 플라톤은 소크라테스의 삶과 말을 철학적 문제로 삼아 자신의 철학을 발전시켜나갔기 때문에 소크라테스의 실제 대화를 곧이곧대로 옮기기보다는 소크라테스의 대화를 재구성하거나 창작하고 소크라테스를 경유해 자신의 철학을 펼쳤으리라고 많은 학자들이 생각한다. 게다가 플라톤만이 아니라 소크라테스의 사후, 그를 주인공으로 하는 철학적 대화편들을 썼던 소크라테스의 주변 인물들과 제자들 역시 사정은 마찬가지였다. 그들은 소크라테스의 부당한 죽음을 변호하려 대화편들을 썼지만, 그 대화가 꼭 실제로 있었던 것이어야 할 필요는 없다고 생각한 듯하다. 문제는 사태의 본질이지 사실 여부가 아닌 것이다. 그러니 플라톤의 대화편들은 다큐나 역사서가 아닌 문학과 논픽션으로 읽어야 한다는 말이다.

트라쉬마코스, 중재안을 거부하고 강공을 펼치다

그래서 『국가』의 이 부분에서도 폴레마르코스와 클레이토폰이 실제로 그런 대화를 했는지, 트라쉬마코스는 왜 클레이토폰의 중재안을 받아들이지 않았는지가 중요한 게 아니다. 플라톤은 왜 폴레마르코스와 클레이토폰이 소크라테스와 트라쉬마코스를 대신해서 대리전을 벌인 것으로 했는지, 또 트라쉬마코스가 왜 중재안을 받아들이지 않은 것으로 했는지를 물어야 한다. 말하자면 드라마처럼 작자의 의도를 파악해야지 괜히 작중의 인물들에 감정 이입하고 일희일비해서 악역의 캐릭터를 욕하거나 비웃는 데 그쳐서는 안 된다.

우선 폴레마르코스와 클레이토폰의 대리전은 분위기를 전환하기 위한 용도로 들어온 것으로 보인다. 트라쉬마코스가 이

전에 폴레마르코스가 했던 대답의 결과를 의식하고 있다가 같은 성격의 소크라테스 질문에 처음부터 기민하게 반응하게 했어도 됐겠지만, 트라쉬마코스의 급한 성격과 의기양양한 태도에 맞춰 처음에는 대답을 잘못한 것으로 설정한 것으로 보인다. 대신 대리전을 통해 독자들의 주의를 환기해서 이전 폴레마르코스의 대답을 떠올리게 하고, 트라쉬마코스의 대답에 대한 관심을 고조하려 했던 것이 아닐까?

그러면 플라톤은 왜 트라쉬마코스가 클레이토폰의 중재안을 받아들이지 않는 것으로 구성했을까? 플라톤의 대화편을 자기 주도적으로 깊이 있게 읽는 방법 중 하나는 이런 갈림길 상황에서 대화 상대자가 다른 대답을 했다면 어떤 다른 길이 열렸을지를 생각해보는 것이다. 앞에서 폴레마르코스가 했던 대답을 참고해보면, 폴레마르코스는 자신이 '보기에 쓸 만한 사람을 친구'로 놓은 것이 잘못되었다고 하고 대신에 '좋은 친구'로 바꾼다. 즉 정의로운 사람이 잘해줘야 할 사람은 실제로도 '좋은 사람인' 친구여야 한다는 말이다. 폴레마르코스의 이 대답은 친구와 좋은 사람 사이에 균열을 만들어 그 다음에 이어지는 소크라테스의 반격이 가능하게 했다. 트라쉬마코스의 대답은 기본적으로는 폴레마르코스의 대답과 방향이 같다. 폴레마르코스는 실제로도 좋은 사람을 친구로 봤기 때문에 실제로 좋은 사람이 친구가 아닐 가능성은 열어두지만 실제로 좋은 사람과 보기에 좋은 사람 간의 구별은 논의에서 제외했다. 강자인 통치자는 실수하지 않는다는 트라쉬마코스의 수정된 대답 또한 이 구별을 원천적으로 차단한다. 반면에 가지 않은 길, 하지 않은 대답인 '강자도 실수를 하기 때문에 정의가 강자의 이익이란 말은 강자가 자신에게 이익이 된다고 생각한 것을 말한다'란 대답을 택하면, 이 구별은 열리게 된다. 여기서 이 구별이 적용되는 영역은 '이익'과 '강자의 입법'으로 나뉠 수 있다. 강자가 자기가 생각하기에 이익이라고 생각한 것과 실제로 이익이 되는 것을 구별하는 것이고, 강자가 법으로 만들면 자신에게 이익이 될 것이라고 생각한 것과 실제로 이익을 가져오는 것을 구별하는 것이다. 플라톤의 철학에서는 '판단(doxa)'과 '앎(epistēmē)'을 엄밀하게 구별하는데, 앞의 구별이 바로 이 구별에 기반한 것이다. 그런데 소크라테스가 질문을 할 때 피통치자가 잘못된 법을 준수해 결과적으로 통치자에게 이익이 되지 않는 경우도 정의냐고 물었으니, 우리는 입법자인 강자가 실수로 자신에게 이익이 되지 않는 법을 제정하는 경우만을 따져보기로 하자. 이때 참고할 만한 논변이 플라톤의 『소히피아스(Hippias Minor)』에 있다. 소크라테스는 여기서 최고의 거짓말쟁이가 누군지를 따지는데, 거짓말을 잘하려

판단

'판단(doxa)'은 플라톤 철학에서 주로 '의견'으로 번역된다. 이 의견과 대비되는 것이 앎(epistēmē)이다. 사람들은 신체적인 지각 능력에 의해 일상적인 삶을 살면서 상식을 형성한다. 상식은 좁은 영역에서 반복적인 행위를 하며 사는 삶에서는 편리한 방편이지만, 그 영역과 패턴을 벗어나면 쉽게 그 유용성을 잃는다. 산에서는 해가 일찍 지니 저녁밥을 일찍 해먹는 게 맞고, 바닷가에서는 그럴 필요가 없다. 일상생활을 할 때는 해가 동쪽에서 뜬다고 해도 의사소통에 문제가 없지만 천체현상을 이해하는 데는 장애가 된다. 플라톤은 이렇게 감각지각에 의해 형성되는 믿음을 '의견'이라고 했다. 여기서는 문맥의 자연스러움을 위해 '판단'으로 옮겼다.

면 진실을 잘 알아야 실수로 거짓말을 하지 않을 수 있기 때문에 최고의 거짓말쟁이는 진실을 잘 알고 말할 줄 아는 사람과 다르지 않다고 한다. 『국가』 1권에서 소크라테스는 폴레마르코스에게 '돈을 지키는 데 유능한 정의로운 사람은 일종의 도둑이기도 하다'란 말을 하면서, 오뒷세우스의 외조부 아우톨뤼코스가 "도둑질과 서약에서 모든 사람들을 능가한다"라고 했는데, 『소히피아스』에서는 오뒷세우스 본인을 예로 들어 거짓말에 능한 오뒷세우스와 진실을 말하는 아킬레우스가 같다고 말한다. 클레이토폰이 제안했던 중재책을 트라쉬마코스가 받아들였다고 가정하고, 이에 대한 소크라테스의 답변에 이 논변을 응용해보자. 만약 트라쉬마코스가 강자의 이익이란 강자가 자신에게 이익을 가져올 것이라고 생각해서 제정한 법을 피통치자가 따르는 것이라고 답변했다면, 소크라테스는 실수를 하는 자와 실수를 하지 않는 자 중 누가 더 강자냐고 물었을 것이다. 그리고 트라쉬마코스가 실수를 하지 않는 자가 더 강자라는 답변을 한다면, 어떤 법을 제정해야 자신에게 이익이 돌아올지를 잘 알고 실수하지 않는 자는 달리 말하면 피통치자에게 이익이 되고 자신에게는 불이익이 되는 것이 무엇인지를 아는 자라고 소크라테스는 말했을 것이다. 그래서 강자는 피통치를 위한 통치를 실수 없이 잘하는 자와 다르지 않다고 소크라테스는 말했을 것이다.

의사는 의사인 한에서 환자를 치료한다. 그리고……

물론 이 논변은 실수를 하는 자와 하지 않는 자 중 누가 강자인지를 따져서 강자를 정하는 방식으로 단순화할 수 있다. 혹은 트라쉬마코스가 자신의 답변을 번복하고 자신은 실수하는 자를 강자라 부르지 않는다고 말할 때 고려했던 논변일 수 있다. 그래서 트라쉬마코스는 자신이 먼저 선수를 쳐서 전문가로서 의사가 의사인 한에서 실수를 하지 않듯이, 통치자도 통

오뒷세우스

트로이 전쟁에 참전했다고 알려진 그리스의 전설적 영웅이다. 호메로스의 작품 『일리아스』와 『오뒷세이아』에 모두 등장한다. 『오뒷세이아』는 '오뒷세우스의 노래'라는 뜻으로, 트로이 전쟁이 끝난 후 오뒷세우스(Odysseus)가 고향 이타카로 가는 10년간의 여정을 그린 작품이다. 그는 전통적으로 『일리아스』의 영웅 아킬레우스가 예정된 죽음을 마다않고 영웅의 영광을 위해 참전한 용맹의 영웅으로 여겨진 데 비해 난관을 묘책으로 해결하는 지략의 영웅으로 여겨져왔다.

치자인 한에서 입법에서 실수를 하지 않는다고 대답했을 수 있다. 이건 트라쉬마코스의 마음을 들여다보고 그의 속셈을 따져보려는 독자들의 심리에 부응하는 시나리오를 플라톤이 구상했다고 봤을 때 할 수 있는 설명이다. 다른 한편으로는 트라쉬마코스가 실수하지 않는 강자를 택하게 한 것은, 이렇게 해서 플라톤이 그 강자를 약자를 위한 강자로 바꿀 수 있는 카드를 쥐게 되기 때문인 것으로 볼 수도 있다.

이제 플라톤이 그 카드를 꺼내는 과정을 살펴보자. 우선 소크라테스는 트라쉬마코스에게 그가 말하는 통치자와 강자가 통상적인 의미인지 엄밀한 의미인지를 확인받는다. 트라쉬마코스는 가장 엄밀한 의미의 통치자라고 하면서 어디 한번 꼼수를 부려보라고 호기를 부린다(314b). 이에 대해 소크라테스

트로이 전쟁의 영웅 오뒷세우스.

는 자신이 사자 수염을 깎으려 들 정도로 정신 나간 사람은 아니라고 대꾸하고, 엄밀한 의미의 의사가 돈 버는 사람인지 환자를 돌보는 사람인지를 묻는다. 의사를 비롯해서 배의 선장 등의 기술자들은 엄밀한 의미에서 기술자 자신이 아닌 기술의 대상이 되는 것의 이익을 위해서 기술을 행한다는 것이다. 의술의 대상인 몸의 예를 보면, 몸은 그 자체로 충분하지 못해서 병에 걸리기도 하기 때문에 몸에 이익이 되는 것을 갖추어주기 위해서 의술이라는 기술이 있다. 반면에 엄밀한 의미의 기술은 그 자체로 충분하고 부족한 것이 없다. 물론 현실의 기술은 기술적 한계가 있어서 그 부족함을 채워가면서 발전이 이루어지지만, 트라쉬마코스가 엄밀한 의미의 통치자를 말한 덕분에 소크라테스는 엄밀한 의미의 기술, 즉 결함없는 완전하고 이상적인 기술을 상정할 수 있게 된다. 이어서 소크라테스는 기술은 기술의 대상을 다스리고 지배한다고 말하고, 이제 상황을 눈치챈 트라쉬마코스는 마지못해, 하지만 그동안 자신이 동의한 것에 기반한 결론이라 어쩔 수 없이 동의한다. 그렇게 해서 기술은 일종의 통치술이 되어 "어떤 형태의 통치를 맡은 사람이든 그가 통치자인 한에서는 결코 자신에게 이익이 되는 것을 살피거나 명하지 않고, 그한테서 통치를 받는 쪽, 즉 그 자신이 일을 해주는 그 대상에게 이익이 되는 것을 살피거나 명한다"(342e)는 결론이 소크라테스에 의해, 또는 소크라테스의 말에 동의해 온 트라쉬마코스에 의해 도출된다. 강자인 통치자는 자신의 이익을 위해서가 아니라 약자인 피통치자를 위해서 통치한다는 말이다.

이쯤 되면 트라쉬마코스가 아니더라도 독자는 어리둥절하거나 불쾌해하거나, 아니면 소크라테스가 한심하다고 생각할 수 있다. 소크라테스의 이런저런 말에 동의하다 보니 어느덧 자신의 동의로 자신의 처음 주장을 반박하는 자승자박의 형편

이 되었으니 어리둥절하기도 하고 불쾌할 수도 있다. 또 아직
도 이런 철없는 소리를 하는 소크라테스가 한심하다고 생각할
수도 있다. 트라쉬마코스 역시 코흘리개 같은 소리를 한다고
비아냥댄다. 양의 주인들에게서 위탁받아 양을 기르는 양치기
들이 양 좋자고 양을 기르겠냐는 것이다. 이게 다 양의 주인들
이나 본인들이 좋자고 하는 노릇이 아니냐는 현실론이다. 이렇
듯 양치기든 실제로 나라를 다스리는 통치자들이든 모두 자신
에게 이익이 되는 것에 골몰하는 것이 현실이다. 그래서 "정의
와 정의로운 것이 실제로는 남에게 좋은 것, 즉 강자인 통치자
에게 이익이 되고, 그를 따르며 섬기는 자한테는 그 자신에게
해로운 것이 되는 반면, 부정의는 이와 반대여서 진실로 순진
하고 정의로운 자들을 통치한다"(343c)는 사실을 소크라테스는
모르고 있다는 게 트라쉬마코스의 지적이다.

트라쉬마코스는 정의는 남 좋은 일이라며 반박한다

사실 트라쉬마코스의 이 주장은 앞선 그의 주장과 달라진
것이 없다. 달라진 것은 어조와 태도다. 이전에는 같은 주장이
라도 각 정치체제에서 통치권을 갖는 자들이 법을 제정해 자

신들의 이익을 도모한다는 식의 그나마 이론적인 외양을 갖추고 있었다. 그런데 이제 트라쉬마코스는 우리의 바람과는 다르게 정의와 부정의는 정반대의 현실에 처해 있음을 노골적으로 드러낸다. 그리하여 어느 경우에든 정의로운 자는 부정의한 자보다 갖는 것이 적어서 계약에서든 세금에서든 배당에서든 더 내고 덜 받는다. 정의로운 자는 관직에 있을 때도 이득이 없고 사사로운 이익을 돌봐주지 않아 친척들에게 원망을 사지만, 부정의한 자는 그와 반대라고 한다. 부정의에 대한 그의 이런 찬양은 참주정에 와서 절정에 이른다. 그리스의 독재정인 참주정은 완벽한 부정의를 행하여 남의 것을 송두리째 빼앗기 때문에, 참주는 도둑이나 강도가 아니라 오히려 행복하고 복된 자라고 불린다. 부정의를 비난하는 자들은 사실 부정의한 짓을 하는 것 자체가 두려워서가 아니라 당하는 것이 두려워 비난하는 것이라, 그런 일을 당하지 않는 완벽한 부정의의 구현자인 참주는 행복하고 복된 자 불린다는 것이다. 앞선 논의에서 엄밀한 의미의 통치자가 가진 기술이 남 좋은 일을 해주는 정의의 기술이라는 것으로 귀결되자, 트라쉬마코스는 이것을 뒤집어 자신의 이익을 완벽하게 실현하는 부정의를 통치자의 기술로 둔갑시킨 것이다. 물론 통치자들은 정의가 남 좋은 것이라 위장해 피통치자들을 속이고, 다 당신들을 위한 것이라며 자신들이 정한 법을 지키게 하고 위법한 자는 부정의한 자라고 하여 처벌한다. 반면에 피통치자는 부정의를 저지르는 것이 자신에게 이익이 된다는 것을 알지만, 그에 뒤따르는 처벌을 면할 길이 없어서 위정자가 정의라고 하는 것들을 마지못해 지키고, 반대로 부정의를 당하는 것이 두려워 위정자와 같이 부정의를 비난한다.

소크라테스는 정의에 대한 트라쉬마코스의 생각을 다시 반박한다

이런 말들을 소나기처럼 퍼붓고는 트라쉬마코스는 서둘러 자리를 피하려고 했다. 그의 곁에 있던 사람들이 만류하는 바람에 뜻대로 하지는 못했지만, 트라시마코스는 왜 그랬을까? 이건 자기 하고 싶은 말만 하고 마는 트라쉬마코스의 성격을 보여주는 장치일 수 있지만, 그와 더불어 자신의 말이 갖는 모순을 어렴풋이 알고 있는 트라쉬마코스의 무의식적 행동으로 독자가 느끼게끔 플라톤이 설정한 것이 아닐까? 앞에서 잠깐 정리한 것처럼 위정자는 자신은 부정의를 행하면서 피치자들에게는 부정의를 행하지 못하게 한다. 반면에 피치자는 위정자의 모순을 어렴풋이 알면서도 감히 부정의를 저지르지 못하고 비난하며, 정의를 지키는 시늉을 한다. 치자와 피치자가 하나의 공동체를 이루며 정의와 부정의에 대한 서로 상반되는 속셈을 가지고 있을 때, 이 공동체가 이 모순을 견디며 얼마나 유지될 수 있을까? 트라쉬마코스는 "부정의가 전면적으로 일어나면, 정의보다 더 강하고 더 자유로우며 더 위압적인 것"(344c)이라고 말한다. 그리고 '전면적 부정의'란 앞 단락에서 말한 참주정을 말한다. 그렇지만 아무리 강력한 폭력을 행사하는 독재정이라 하더라도 정의를 철저히 무시할 수는 없다. 폭력만 내세우면 그들의 권력이 유지되기 어렵다는 것을 알기 때문일 것이다. 우리 사회가 겪었던 최악의 통치 권력 중 하나였던 제5공화국이 내세웠던 국정지표가 '정의사회구현'이었던 것을 보면 이 점을 알 수 있다. 이렇듯 트라쉬마코스의 주장에는 양면성이 존재한다. 통치자와 피통치자의 관계에서 통치자는 폭력과 기만의 상반된 수단을 통해 피통치자가 정의로운 행동을 하게끔 강제하고 유도한다. 한편, 사람과 사람의 관계에서는 부정의가 자신의 이익을 관철하는 유일한 행위 방식이기에 개인들은 부정의를 행하고 싶어하지만, 역으로 자신이 강자에 의해 부정의를 당할까 두려워 부정의를 비난하고 정의를 찬양한다. 그런데 개인적으로 정의와 부정의의 현실을 안다면 사람들이 통치자의 기만에 속을까? 그런데도 트라쉬마코스는 또 정의로운 자들은 순진한 자여서 부정의한 통치자들에게 속아 통치자에게 좋은 일 시켜주는 정의를 따른다고 한다. 그렇다고 트라쉬마코스가 통치자들의 기만에 속아 노예 신세가 된 피통치자들이 통치자에 대항해 봉기하고 스스로를 해방시키도록 그들을 일깨울 생각을 하는 것도 아니다. 그는 피통치자들의 어리석음을 비웃고, 부정의를 과감히 행하지 못하는 그들의 나약함을 조롱한다. 현실을 재단하는 척도인 이론의 잣대를 치워버리고 철저히 현실의 논리에 서게 되면 모순의 현실은 타개해나가야 할 문제가 아니라 이리 뛰고 저리 뛰며 여기 붙었다 저기 붙었다 하며 자신의 안위를 구하고 이익을 도모할 기회를 노리는 장소가 된다.

이런 트라쉬마코스를 붙들어 앉힌 소크라테스는 엄밀한 의미의 양치기는 양을 치는 기술의 대상인 양에게 가장 좋은 것을 제공하는 것을 유일한 관심사로 삼는데, 트라쉬마코스가 자꾸 말을 바꾸어 양치기를 돈벌이하는 사람 취급했다는 점을 환기한다. 그리고 소크라테스는 이 환기를 통해 양치기처럼 모든 통치는 통치를 받는 쪽에게 가장 좋은 것을 살핀다는 것이 이미 동의되었음을 확인하고, 진정한 의미의 통치자들이 통치를 자발적으로 한다고 생각하는지를 트라쉬마코스에게 묻는다. 당연히 트라쉬마코스는 통치자들은 통치하는 것을 자발적으로 원한다고 답하지만, 소크라테스는 통치자들이 보수를 요구한다는 점을 들어 그들이 통치하기를 자발적으로 원하지 않는다고 말한다. 통치를 받는 쪽이 통치를 통해 이로움을 보기 때문에 통치할 사람들이 보수를 요구한다는 것이다. 양치기의 예와 마찬가지로 트라쉬마코스는 통치하는 사람을 통치술을 발휘하는 사람으로 한정해서 보지 않고, 희로애락을 갖는 구체적인 인간으로 봤기 때문에 이런 혼동이 생겼다고 소크라테스는 생각한다. 양치기도 통치자도 물론 사람이기 때문에 양을 치고 통치를 해서 돈을 벌어 자신도 살고 가족도 부양해야겠지만, 그건 몸을 갖고 여러 관계를 맺고 사는 구체적인 사람의 맥락에서 그런 것이다. 양치기가 양치기인 한, 통치자가 통치자인 한, 자신들의 기술을 통해서 그들이 하는 일은 양과 피통치자의 이익을 도모하는 것이라는 게 소크라테스의 통찰이다. 엄밀한 개념 규정을 통해 이런 방향 설정을 하지 않으면 현실은 윤리적 의식을 갖추지 않고 이익만 탐하는 비전문가들의 진흙탕 싸움이 되고 만다는 생각이다. 그래서 소크라테스는 통치술이나 양치기 기술을 돈을 버는 보수 획득술과 혼동하면 안 된다고 말한다. 예컨대 어떤 사람이 바다에서 뱃일을 하면서 건강해졌다고 해서 그의 기술을 의술이라고 하지 않는 것이 트라쉬마코스가 동의했던 엄밀한 정의에 입각한 구별이라는 것이 소크라테스의 말이다.

통치의 보수는 자신들보다 못한 사람들의 통치를 받지 않는 것

소크라테스는 통치자의 보수에 대한 말을 맺으면서 "통치하기로 수락할 사람들이라면 그들에게 돈이든 명예든 보상이 주어져야 하고, 통치할 것을 거부할 경우에는 벌이라는 보상이 주어져야 할 것 같다"(347a)고 말한다. 이때에 지금껏 두 사람의 토론을 듣고 있던 글라우콘이 끼어들어 '돈과 명예'라는 보상은 알겠는데, 벌은 웬 벌이고 그게 또 왜 보상인지를 묻는다. 이에 대해 소크라테스는 가장 훌륭한 사람들(hoi beltistoi)이 받는 보상이 무엇인지를 몰라서 하는 소리라며, 사실 가장 고상한 사람들(hoi epieikestatoi)이 통치를 맡는 이유는 바로 이 벌로서의 보상 때문이라고 말한다. 그들은 명예욕이나 재물욕을 부끄러운 것으로 생각하기 때문에 이것들로 받는 보상에는 관심이 없다. 또 "강제당할 때까지 기다리지 않고 스스로 원해서 다스림에 나서는 게 부끄러운 일로" 생각하기 때문에 "그들 자신이 다스림을 거부할 경우 주어지는 가장 큰 벌인 자기보다 못한 자에게 다스림을 받는 것"(347c)으로 그들을 강제해야 한다고 소크라테스는 말한다. 그렇지만 이들은 벌이 두려워 통치에 나설 때에도 "그 일을 맡길 더 나은 이들이나 대등한 이들을 찾을 수가 없어서 피치 못한 일로 보고서 그 일에 나서"기 때문에 "만일 훌륭한 사람들로 이루어진 나라가 있다면, 현재 사람들이 통치하려고 다투듯이 거기서는 통치하지 않으려고 다툴 것 같다"며 "진실로 참다운 통치자란 본래, 자신에게 이익이 되는 것을 살피지 않고 다스림을 받는 이에게 이익이 되는 것을 살핀다는 점이"(347d) 이런 나라를 보면 분명해질 것이라고 한다. 이런 점에서 자신은 정의가 강자의 이익이라는 트라쉬마코스의 주장에 전혀 동의할 수 없지만 이 문제는 나중에 다시 검토할 것이라고 한다. 이어서 소크라테스는 자신이 보기에 이 문제보다 중요한 것은 '부정의한 자의 삶이 정의로운 자의 삶보다 낫다'는 트라쉬마코스의 발언이라며 글라우콘에게 어느 쪽의 삶이 더 낫다고 보는지 묻고 정의로운 자의 삶이 더 유익하다는 대답을 받는다. 트라쉬마코스의 말을 듣고도 설득되지 않은 글라우콘에게 반대로 트라쉬마코스를 설득할 방도를 물은 소크라테스는 서로 합의해가며 고찰함으로써 그를 설득할 수 있으리라는 자신의 말에 대한 동의를 글라우콘으로부터 받아내고 논의를 재개한다.

이 장면에서 흥미로운 점은 두 가지다. 하나는 플라톤이 왜 글라우콘이 이 지점에서 논의에 개입하게 했는가 하는 점이다. 또 하나는 글라우콘이 제기한 바로 그 문제, 즉 왜 벌이 보수가 되냐는 것이다. 우선 글라우콘의 개입은 플라톤이 낯선 주장을 하면서 그 주장을 환기하기 위해서 개입시킨 것으로 볼 수 있다. 왜 벌이 보수인지에 대한 설명을 바로 하기보다는 글라우콘의 개입을 통해 독자들의 이목을 끈 다음에 이야기를 전개하기 위한 장치로 볼 수 있다는 말이다. 그건 곧 글라우콘의 질문에 대한 대답으로 하는 이야기가 중요하다는 뜻일 텐데, 이 이야기가 중요한 이유는 1권 이후 2권부터 다루게 되는 논의가 바로 "훌륭한 사람들로 이루어진 나라", 즉 이상국가에 관한 것이기 때문이다. 그리고 글라우콘이 독자의 관심을 끄는 이 역할을 맡은 이유는 2권에서 새롭게 논의를 재개한 것이 바로 글라우콘과 아데이만토스, 이 두 형제이기 때문이다. 플라톤이 1권을 먼저 쓰고 나서 나중에 2권 이후를 썼다는 설이 있는데, 만약 그랬다면 플라톤은 나중에 쓴 2권 이후를 1권과 연결하는 지점을 여기에 만들고 싶었던 것일 수도 있다. 그래서 플라톤은 자신의 형들인 이 두 인물들을 통해서 앞으로 새롭고 거대한 논의가 전개된다는 암시를 이 장면으로 하고, 1권과 나머지 권들을 적극적으로 통합하려 한다고 볼 수 있다. 달리보면 이렇게 함으로써 1권은 2권부터 나머지 권들이 쌓아 올린 거대한 건축물의 입구가 된다.

　두 번째 흥미로운 점은 보수의 역설이다. 본문에는 이 역설이 분명하게 설명되지 않는데, 앞뒤 맥락을 보고 추정을 해보자. 보수(misthos)는 그 자체로 어떤 일을 한 대가로 받는 것이기도 하지만, 우리가 '죄를 지은 대가를 치른다'고 하듯이 '보수'라고 번역한 그리스어 'misthos'에는 우리말 '대가'와 같은 부정적인 의미도 있다. 그런데 소크라테스가 보수로서 금전과 명예 외에 '벌'을 언급할 때 이 '벌'은 금전과 명예와 다른 맥락을 갖는다. 금전과 명예는 통치에 대한 대가로 지불되는 것이지만(훌륭한 사람들은 금전과 명예를 바라지 않는다고 하지만, 2권 이후의 이상국가에서 통치자는 시민들의 보수로 생계를 유지한다), 벌은 위협으로만 존재하기 때문이다. 훌륭한 사람들은 자신들이 통치하지 않으면 더 못난 사람들의 통치를 자신이 받아야 하는 벌이 있기 때문에 통치한다. 그래서 통치하지 않는 대신에 그 벌을 받는 게 아니라 그 벌을 받지 않기 위해 통치하는 것이라서 그 벌은 실현되지 않는다. 뿐만 아니라, 통치를 맡음으로써 더 못난 자들의 통치를 받지 않게 되기 때문에 실현되지 않은 벌은 역으로 보상이 되는 것으로 보인다. 2권 이후의 논의를 보면 이상국가에서 가장 행복한 사람들인 철학자들은 철학하는 삶을 살려고 하지 통치하려고 들지 않는데, 이들은 바로 여기서 언급한 그 벌을 받지 않기 위해서 통치를 맡게 된다. 이상국가에서 가장 이상적인 삶을 사는 사람들이 이상국가를 유지하기 위해 자신의 행복을 포기하는 것처럼 보이는 그 역설이 여기서 이미 암시되고 있다.

**정의로운 자는 정의로운 자를 능가하지 못하지만,
부정의한 자를 능가한다**

이제 논의가 재개되는데, 글라우콘의 개입 과정에서 논점은 '정의는 강자의 이익이다'에서 '부정의한 자의 삶이 정의로운 자의 삶보다 나은지'로 바뀌었다. 그래서 논의를 재개하면서 소크라테스는 "완벽한 부정의가 완벽할 때의 정의보다 더 유익하다고 주장"(348c)하는지 묻고 그렇다는 대답을 받는다. 그리고 트라쉬마코스는 '정의는 덕이고 부정의는 악덕이라 부르지 않느냐'는 소크라테스의 상식적인 질문을 비웃는다. 그는 '정의는 고상한 순진함이고 부정의는 잘 숙고함'이라며 부정의한 행동을 완벽하게 해낼 수 있는 자라면 그는 현명하기도 하고 훌륭하기도 하다고 말한다. 상식과 도덕을 부정하는 이 말에 소크라테스는 트라쉬마코스가 세상 사람들처럼 부정의가 이익이 되지만 겉으로는 악덕이라고 말하는 게 아니라 진심으로 대놓고 부정의를 찬양하고 있어서 뭐라 대꾸하기 힘든 주장이라고 말한다. 차라리 위선적이라면 수치심이라도 있어서 개선의 여지가 있을 텐데, 수치심조차 없으니 도덕적 토론의 기본을 공유하고 있지 않아 난감하고 고약하다는 소리다.

상식을 공유하지 않으면 상식의 기반이 되는 더 하부의 기초로 내려가야 한다. 소크라테스는 묻는다. "정의로운 사람이 다른 정의로운 사람을 능가하려 한다고 생각하나요?"(349b) 트라쉬마코스가 대답한다. "전혀요. 그렇다면 그가 방금 우리가 말한 것과 같이 예의 바르고 순진한 사람은 아니겠죠." 이어서 소크라테스는 정의로운 사람은 정의로운 행동도 능가하려 하지 않겠지만 부정의한 사람을 상대로는 능가할 만하다고 여기고 그렇게 하는 게 정의롭다고도 생각하리라는 대답을 받아낸다. 물론 트라쉬마코스는 그렇다고 정의로운 사람이 부정의한 사람을 능가할 수는 없다고 덧붙인다. 지금 소크라테스가 그리스어의 모호성을 이용한 논리를 펼치고 있기 때문에 두 가지 의미를 아우를 수 있는 '능가하다'란 번역어를 택해서 그렇지, 문맥에서만 보면 이 말은 '이기다' 또는 '이겨먹다'라고 번역하면 자연스럽다. '능가하다'로 번역한 'pleonektein'은 'pleon echein'을 약간 변형하고 한 단어로 합쳐서 숙어처럼 사용하는 말이다. 'pleon echein'은 '더 많이 갖다'란 말이다. '더 많이'의 비교 대상이 다른 사람이라서 '남들보다 더 많이 갖다'란 말인데, 그러니 여기서 '욕심 사납다'란 뜻이 나오고, '유리하다', '정도를 넘어 지나치다', '과도하다'란 뜻을 갖는다. 'pleonektein'은 숙어로서 'pleon echein', 즉 '남들보다 많이 가짐'이 갖는 사회적, 심리적, 논리적 함축들을 압축해서 담고 있는 말이다. 그런데 이 말을 가지고 소크라테스는 트라쉬마코스에게 '정의로운 사람이 정의로운 사람을 이겨먹으려고 하거나 정의로운 사람을 상대로 탐욕을 채우려 들겠는지'를 묻는 것으로 들리게끔 말했다. 그렇게 들었기 때문에 트라쉬마코스는 예의 바르고 순진한 정의로운 사람은 같은 정의로운 사람을 상대로 그런 짓을 하지 않는다고 대답했던 것이고, 부정의한 사람을 상대로는 그런 생각을 할 수 있지만 정작 그렇게 하는 데 성공하지는 못한다고 답했던 것이다. 그런데 이 두 가지 상반된 상황의 배후에 있는 전제가 있다. 정의로운 사람이 정의로운 사람을 이겨먹으려고 하지 않는 것은 그가 욕심 사납지 않기 때문인데, 그 이유를 트라쉬마코스는 예의 바르고 순진하기 때문이라고 했지만 달리 말하면 정의로운 사람이 정도를 넘어서지 않기 때문이다. 그것은 반대로 정의로운 사람이 부정의한 사람을 이겨먹을 수 있다고 생각하는 이유가 된다. 그저 예의 바르고 순진하기만 하다면 부정의한 사람에게도 예의를 지킬 수 있을 텐데, 정의로운 사람이 그렇게 하지 않는 이유는 부정의한 사람은 정도를 지키지 못하기 때문일 것이다. 이런 생각을 소크라테스는 악기의 현을 조율하는 예를 들어 설명한다. 예컨대 피아노 줄을 조절하는 조율사가 남보다 더 많이 갖고 탐욕을 부리고 남을 이겨먹기 위해서 다른 조율사가 해놓은 완벽한 조율을 넘어선 조율을 할 수 있을까? 소크라테스는 이 사례가 악기의 조율을 비롯한 의술과 같은 모든 종류의 기술에도 성립하고 정의로운 사람의 기술에도 적용된다고 말한다. 정의에는 정도가 있으니 그 선을 넘어설 수 없지만 부정의는 정도에 미치지 못하니 정도에 맞추는 일이 가능하다는 것이다.

나라든 집단이든 개인이든, 부정의는 그것을 불행하게 한다

다른 한편 소크라테스는 "부정의한 사람은 현명한 자와 훌륭한 자를 닮았지만, 정의로운 사람은 그 어느 쪽도 닮지 않았다"(349d)는 트라쉬마코스의 생각을 확인하고 '어떤 일에 능한 쪽이 현명하고 그렇지 못한 쪽은 현명하지 못하다'는 데 동의를 받는다. 이어서 소크라테스는 조율하는 사람이 현을 죄고 늦추는 일에서 다른 조율사를 능가하려고 하지 않는다는 주장에 트라쉬마코스가 동의하게 한다. 그런 후, "누가 되었든 뭔가 아는 사람은, 그걸 아는 다른 사람보다 행위에서든 말에서든 더 많이 하는 걸 선택하려고 할 거라고 생각"하지 않는다고 트라쉬마코스가 말하게 한다. 그리고 "앎이 있는 삶은 지혜롭고 훌륭하다"(350b)에 동의하고 나니 "훌륭하고 지혜로운 사람은 자기와 같은 사람을 상대로는 능가하려고 하지 않고, 자기와 반대되고 자신과 같지 않은 사람을 상대로는 능가하려고 할 것"이며 "나쁘고 무지한 사람은 자기와 같은 사람을 상대로 해서든 자기와 반대되는 사람을 상대로 해서든 능가하려고 할 것"이라는 데 트라쉬마코스는 동의하고 만다. 그리하여 결국 트라쉬마코스는 이전에 "정의로운 사람은 자기와 같은 사람은 능가하려고 하지 않지만, 자기와 같지 않은 사람을 상대로는 능가하려 하지 않는다"고 동의했으니 "정의로운 사람은 지혜롭고 훌륭한 사람을 닮았지만, 부정의한 사람은 나쁘고 무지한 사람을 닮았다"는 데 동의하지 않을 수 없다. 일이 이렇게 된 것은 모두 다 트라쉬마코스가 소크라테스의 질문에 동의함으로써 된 것이니 자기 도끼에 자기 발등이 찍힌 격이라 트라쉬마코스는 어느 때인가부터 땀을 뻘뻘 흘리고 얼굴을 붉히며 마지못해 여기까지 끌려오게 되었다.

　이제 다음 순서로 소크라테스가 "부정의가 강력한 것"(350d)이라는 트라쉬마코스의 주장을 검토하려 하자 트라쉬마코스는 자기 맘대로 길게 말하게 해주든가 아니면 자기는 예나 아니오라고만 대답하겠다며 엇나간다. 소크라테스는 본인 생각에 어긋나게만 하지 않으면 된다고 하고 "부정의가 정의보다 더 유능하고 더 강력한 것"이라는 이전의 트라쉬마코스 주장을 다루기 위해 '나라도 부정의할 수 있는지'를 묻고 그렇다는 대답을 받는다. 하지만 도둑질도 손발이 맞아야 한다고 "부정의는 서로간에 내분과 미움과 싸움을 일으키지만, 정의는 화합과 우애를 가져오기 때문에" 한 집단이 "서로에게 부정의한 짓을 저지른다면, 그들이 뭔가를 수행할" 수 없다는 결론이 나온다. 그래서 나라가 됐든 하다못해 범죄 집단이 됐든 최소한의 정의가 없고서는 그 집단은 아무 일도 할 수 없으며 "한 개인 안에서 성립될 때도, 부정의는 자기 본래의 기능을 하게 될 것이라서 첫째로, 부정의는 그 사람으로 하여금 내분을 겪게끔 만들고 자기 자신과 화합하지 못하게 함으로써 일을 수행하는 걸 불가능하게 만들 것이고, 둘째로는 그 사람으로 하여금 자신과도 정의로운 사람들과도 적이 되게 만들 것"(451b)이라고 소크라테스는 주장하고 트라쉬마코스의 동의를 받는다.

여기서도 알 수 있는 것이 플라톤이『국가』1권에『국가』전체의 기획을 곳곳에 압축해 담아놓았다는 점이다. 2권 이후 소크라테스는 개인의 영혼이 각 부분들끼리 조화를 이루어 정의로워지듯이 나라도 각 집단들이 조화를 이루어 정의롭게 된다는 논의를 펼치는데, 그 단초가 여기에 드러나 있는 것이다. 그리고 오늘날 우리의 상식과 달리 정의의 문제가 단지 공동체에 국한되지 않고, 한 개인의 인격과도 관련이 된다는 점도 기억해둘 만하다.

덕 있는 삶은 행복하다

이제 마지막으로 소크라테스는 앞에서 미뤄두었던 "정의로운 사람들이 부정의한 사람들보다 더 잘 살 뿐만 아니라 더 행복하기도 한 것인지"를 검토하고자 한다. 이 논의는 그저 그런 논의가 아니라 "어떻게 살아야 하는지에 관한 문제"이기 때문이다. 이 문제를 검토하기 위해 소크라테스는 말이나 소, 눈이나 귀, 가지치기 칼 같은 것들의 고유한 기능과 구실이 따로 있는지를 묻고 각자의 고유한 기능을 해내기에 그것들만 한 것이 없다는 동의를 받는다. 이가 없으면 잇몸으로 버틸 수 있지만 이만큼은 못하다는 말이다. 이어서 "어떤 기능이 부여되어 있는 각각의 모든 것에는 그것의 탁월함(aretē) 또한 있다"(353b)며 어떤 것이든 존재하는 것은 그것의 고유한 기능이 있으며, 이 기능을 잘 해내는 상태인 '탁월함'도 있고 그 기능을 잘 수행하지 못하는 '나쁨(kakia)' 또한 있다고 말한다. 이것을 영혼의 경우에 적용해보면, 돌보는 것, 다스리는 것, 숙고하는 것 등 영혼만이 할 수 있는 기능이 있으며 산다는 것 또한 영혼의 기능이라고 할 수 있다는 게 소크라테스의 주장이다. 따라서 영혼의 탁월함도 있고 나쁨도 있으며 정의로운 사람은 훌륭하고 지혜로운 반면, 부정의한 자는 무지하고 나쁘다고 이전에 동의했으니(350c-d) "정의로운 영혼과 정의로운 사람은 잘 살게 될 것이고, 부정의한 사람은 못 살게 될 것"이며 "잘 사는 자는 복되고 행복하고 부정의한 사람은 비참하다"고 소크라테스는 말하고 트라쉬마코스의 동의를 받는다. 그리하여 소크라테스는 "부정의는 결코 정의보다 더 유익한 것이 못 된다"고 결론짓는다. 여기서 '탁월함'이라고 한 것은 앞에서 말했듯이 '덕'으로도 번역되는 것이고 '나쁨'은 이에 대비해 '악덕'이라고도 번역되는 것이니 정의의 덕을 갖춘 자는 행복하고 부정의의 악덕을 가진 자는 비참하다는 이야기이다.

이렇게 해서 케팔로스와 시작해서 폴레마르코스를 거쳐 트라쉬마코스에 와서 일단락되는 정의에 대한 논의를 마무리지으면서, 벤디스 축제에서 소크라테스가 말의 잔치를 벌였다고 비아냥대는 트라쉬마코스에게 이렇게 말한다. "내가 잔치를 멋들어지게 즐기진 못했어요. 그건 물론 내 탓이지 선생 탓은 아닙니다. 내 생각에 나는, 먼저 나온 음식을 충분히 맛보기도 전에 연이어 내오는 음식마다 맛보려고 낚아채는 대식가처럼 군 것 같네요. 우리는 먼저 정의가 도대체 무엇인지를 검토하는 중이었는데, 나는 그 답을 찾아내기도 전에 그 문제를 내버려두고, 정의가 못남이고 무지인지, 아니면 지혜이고 훌륭함인지를 검토하는 쪽으로 급히 달려들었던 것 같습니다. 그러다가 다시 나중에는 부정의가 정의보다 더 유익하다는 주장이 닥쳐오자, 난 자제하질 못하고 앞선 문제에서 이 문제로 옮겨가고 말았지요. 그 결과 이제 우리의 대화를 통해 내가 알게 된 건 아무것도 없게 되고 말았습니다. 정의가 무엇인지를 알지 못하는 한에서는 그것이 정말 훌륭함인지 아닌지, 그리고 그것을 가지는 자가 불행한지 행복한지를 아는 것이 거의 불가능해질 테니까요."(354b)

플라톤의 초기 대화편들은 어떤 주제를 꺼내어 논의를 통해 그 주제를 발전시키다가 논의를 마무리짓지 못하고 논의에 실패했다면서 대화가 끝나는 경우가 많다. 이런 대화편들을

'난제를 제기하는 데 의의가 있는 대화편'이라고 부르는데, 지금 1권이 마무리되는 모양새가 딱 그짝이다. 그래서 앞서 말했듯이 『국가』 1권만 따로 떼어 플라톤의 초기 대화편에 분류해 넣기도 했는데, 지금은 그게 딱히 정설은 아니다. 이런 초기 대화편들을 읽는 독자들은 처음에 일상적인 주제로 시작했던 대화가 어느 순간 철학적으로 격상되어 진행되는 바람에 어리둥절하기도 하고 고양되기도 하는데, 갑자기 논의가 실패로 끝났다는 소리를 듣고 나면 황당하기도 하고 약이 오르기도 하고 뒤의 논의가 궁금하기도 하다. 이런 갑갑함을 해소하려면 연관되는 플라톤의 다른 대화편들을 읽어서 퍼즐 맞추듯 논의의 고리들을 맞춰보아야 한다. 아마 플라톤도 그러라고 이렇게 '다음 편에 계속(to be continued)' 같은 엔딩을 넣었을 텐데, 다행히 『국가』는 정주행이 가능하다. 바로 2권부터 실패한 논의를 되살려 길고 자세하게 논의를 하기 때문이다.

국가의 재건

말로써 세우는 나라

앞에서 밝혔듯이 이 글은 플라톤의 『국가』 총 10권 중 1권에 중점을 두고 썼다. 1권을 플라톤 읽기의 예제처럼 읽고 독자들이 2권부터 직접 읽고 싶은 궁금증과 용기를 갖기를 바랐기 때문이다. 그래서 1권에 절반이 훨씬 넘는 분량을 할당했고, 이제 남은 아홉 개의 권들에 대해서는 1권에서 밑밥을 뿌려놓은 이야기들이 어떻게 연결되는지 그 고리들만 확인하는 선에서 설명하려 한다.

2권은 논의에서 풀려났다고 안심하고 있던 소크라테스에게 글라우콘와 아데이만토스 형제가 트라쉬마코스의 주장을 재검토해줄 것을 요청하는 장면으로 시작한다. 두 형제는 트라쉬마코스가 너무 쉽게 소크라테스에게 무너졌다며 트라쉬마코스류의 주장을 많은 사람이 숱하게 하는 반면에 정작 정의가 부정의보다 좋다는 논변을 만족스러운 형태로 들어본 적이 없다고 말한다. 그렇게 해서 이들은 유명한 '귀게스의 반지(Ring of Gyges)' 이야기를 꺼내 누구나 다 부정한 사람으로 알고 있는 정의로운 사람이 누구나 다 정의로운 사람으로 알고 있는 완벽하게 부정의한 사람보다 행복할 수 있는지를 묻는다. 귀게스는 그걸 낀 사람을 투명인간으로 만들어주는 반지를 우연히 손에 얻어 그걸로 한 나라의 왕이 된 전설적인 인물이다. 자신이 한 부정의를 아무도 모른다면, 누군들 부정의를 행하지 않겠으며 그 힘은 얼마나 막강하겠느냐는 이야기를 한 것이다.

소크라테스는 정의가 그 자체로도 좋고 그 결과로도 좋은 것이라고 말하며, 이 논의를 본격적으로 다루기 위해서 눈이 침침한 사람이 작은 글씨를 읽기 위해 먼저 같은 글이 큰 글씨로 쓰여 있으리라 짐작되는 것을 먼저 읽고 난 후 작은 글씨로 된 것을 읽어 같은 글인지를 확인하는 방법을 쓰자고 한다. 그

래서 "정의가 한 사람에게도 있지만 나라 전체에도 있다"(368e)
고 한다면, 더 큰 것에는 정의가 더 큰 규모로 있을 테고 알아
보기도 쉬울 테니 우선 나라 안에서 정의를 찾아보고 그후에
각 사람 안에서도 그걸 검토해보자고 한다. 이에 따라 소크라
테스는 나라가 어떻게 해서 생겨나고, 그래서 그 안에 정의와
부정의가 어떻게 생겨나는지를 말로써 살펴보게 된다.

나라는 필요에 의해 생겨나고 기본적인 필요인 식량, 주거
및 의복 등의 마련이 필요하다. 이를 위해 한 사람이 모든 것
을 다 하기보다는 각자의 자연적 성향을 고려해서, 또 각각의
일을 하기 위한 때를 놓치지 않기 위해서, 분업을 하고 전문화
하는 것이 적절하다고 소크라테스는 말한다. 이런 전제하에서
한 나라가 유지되기 위한 물품의 생산과 유통에 필요한 인원
들만을 갖춘 나라를 상상하고, 최소한의 필요를 충족하는 최
초의 이 나라를 최소필요국이며 건강한 나라라고 한다. 이 나
라의 정의와 부정의는 "서로에 대해 갖는 어떤 필요 안에 있는
것"(372a)이라고 본다. 그런데 글라우콘이 이런 나라는 사람들
의 나라가 아니라 돼지들의 나라라고 항의하자 그 다음 단계
로 호사스러운 나라의 발생에 대해 살펴본다. 소크라테스는 이
호사스러운 나라를 염증으로 부어오른 나라라고 하며 이 나라
에서는 생필품뿐만 아니라 이른바 문화생활을 위한 사치품들

까지 구비되어야 하기에 이 나라의 규모는 더 커져야 하며 직업도 더 다양해진다고 말한다. 그리고 이 엄중으로 부푼 욕구들을 충족하기 위해 남의 나라 영토를 침범하는데, 여기서 소크라테스는 자신들이 '전쟁의 기원'을 발견하였노라고 말한다.

수호자 계층에 적합한 교육은 시가와 체육이다

전쟁이 생기면서 분업의 원칙에 따라 전쟁을 전담할 사람들이 필요하게 된다. 이리하여 나라를 수호할 수호자 계층이 생기며 이 계층은 수호에 적합한 자연적 성향상 개와 같은 본성을 갖춰야 한다. 우선 수호자 계층이 싸움을 잘하려면 용기가 필요하기에 용기의 원천이 되는 기개(thymos)가 필요하다. 또한 그들은 사납기도 해야겠지만 지켜야 할 사람들에게는 온순해야 하기 때문에 그런 점에서 그들의 본성은 개와 닮았다고 하는 것이다. 그런데 친구와 적을 구별하는 지혜를 사랑할 줄 알고 기개 역시 뛰어나려면 이들의 교육이 필요하기에 소크라테스는 수호자 계층의 교육의 문제를 살펴본다.

몸을 지배하는 것은 영혼이기 때문에 소크라테스는 신체 단련보다 먼저 시가 교육을 살펴본다. 고대 그리스의 시가는 원어가 'mousikē'로 음악의 어원인 데서 알 수 있듯이 운율과 음악과 이야기가 어우러진 장르이다. 그래서 시가 교육에서 처음 검토되는 것은 시가의 내용을 이루는 이야기로 아주 어린 아이들의 교육에서 틀을 형성해주는 옛날이야기이다. 그런데 소크라테스는 기존의 옛날이야기들이 신들과 영웅들에 대한 비도덕적인 이야기들을 전한다고 비판한다. 이들 이야기들은 신과 영웅들의 본성에 맞지 않는 잘못된 이야기라며 아이들의 교육에서 이런 이야기들을 삭제할 것을 주장한다.

2권 후반에서 3권 초반에 걸쳐 호메로스(Homēros, 기원전 8세기경)를 비롯한 옛시인들의 이야기들을 비판한 소크라테스는 이어서 이야기를 전달하는 방식을 검토한다. 호메로스의 작품에는 시인이 이야기를 직접 전달하는 방식과 등장인물들의 대사를 직접화법으로 전달하는 두 가지 방식이 사용된다. 후자의 방식을 '모방(mimēsis)'이라고 하며 희극과 비극에서는 이 방법만을 사용한다. 일반적으로 이 모방의 방식을 플라톤이 예술의 기원으로 생각한 것으로 이해한다. 그런데 앞에서 이야기한 내용에서 비도덕적인 것을 다루지 못하게 한 것과 마찬가지로 모방의 방식을 수호자의 교육에 허용하는 것에도 소크라테스는 부정적이다. 수호자 교육을 받는 아이들이 수호자에게 어울리지 않는 성품의 등장인물들을 다양하게 모방하는 일이 없

기개

기개(thymos)는 플라톤의 영혼삼분설에서 명예를 사랑하는 부분이다. 기개로 번역한 'thymos'는 일상적으로는 '분노', '격정'의 뜻을 갖는데, 사람들이 분노하는 것은 가장 부정적인 방식으로 이해해도, 자신이 적절한 대접을 받지 못한다는 일종의 '정의감'에 따른 것이다. 그래서 플라톤은 우리의 영혼에서 명예를 사랑하고, 정의에 대한 신념을 지킬 수 있는 부분의 이름으로 '기개'를 정한다.

도록 해야 하며, 모방을 허용하더라도 수호자에게 어울리는 한 가지 성품만을 모방해야 한다는 것이 소크라테스의 주장이다.

시가에서 마지막으로 노래와 선율의 부분을 살펴보면서 소크라테스는 당시에 사용되었던 다양한 화음 체계들을 비판적으로 고찰해본다. 그러면서 수호자가 가져야 할 품성에 어울리지 않는 화려하거나 비탄조의 화음들을 배제하고, 도리아 화음과 프뤼기아 화음과 같이 군사 활동에서 용감한 사람들과 평화 시에 절제와 지성을 보이는 사람들을 모방할 수 있는 화음들만 남겨둔다.

시가 다음은 신체 단련이다. 소크라테스는 영혼이 몸을 다스리듯이 신체 단련 역시 영혼이 그 중심이 되어야 한다고 한다. 수호자 계층은 전쟁을 대비하는 집단이므로 전시를 대비하는 단순한 식생활을 해야 하며, 이는 질병과 방종의 예방에도 도움이 된다고 한다. 수호자 계층은 지혜와 기개를 두루 갖추어야 하기 때문에 시가 교육과 신체 단련은 조화를 이루어야 한다. 시가에만 치중하면 영혼이 유약해지고, 신체단련만 해서는 기개는 성하겠지만 야만적이고 거칠어지며 논의하는 것을 혐오하게 되어 종국에는 인간 혐오에 이르기 때문이다.

수호자에게는 사적 소유가 허용되지 않아야 한다

수호자 교육에 대한 논의를 마치면서 소크라테스는 시가 교육을 한 이유가 수호자들을 온순하게 하여 자신들이 보호해야 하는 시민들에게 사납게 굴지 않도록 하기 위해서였듯이, 그들의 삶도 이 점에 초점을 맞추어야 한다고 한다. 통치자들의 부패는 사적 소유가 가능하기 때문에 벌어지니 이들은 우선 사적 소유물을 가져서는 안 된다. 이들은 사적인 집도 창고도 가져서는 안 되고, 식사는 공동으로 하고 최소한의 필요를 충족하는 데 필요한 것들을 시민들로부터 제공받아야 한다.

여기까지 이야기하자 아데이만토스가 끼어들어, 나라는 본래 통치자들의 것인데 통치자들의 삶이 이래서야 그들이 행복할 수 없다고 불만을 표시한다. 이에 대해 소크라테스는 논의를 더 진행하다 보면 이들 수호자가 가장 행복한 사람들이라는 결론이 나오겠지만, 현재 논의의 취지가 나라 전체를 행복한 나라로 만들어보는 것이기 때문에 당장은 그 문제를 덮어두어도 좋다고 답한다. "왜냐하면 우리는 그런 나라에서 정의를 가장 잘 찾을 수 있고 가장 나쁘게 세워지는 나라에서는 부정의를 가장 잘 찾을 수 있으리라고 생각했기 때문"(420b)이라는 것이다. 소크라테스는 수호자들은 너무 가난해서도 부유해서도 안 된다고 하면서 나라의 크기 역시 너무 크면 나라가 분열되어 한 나라라 할 수 없으니 큰 것이 좋지 않다고 말한다. 이밖에도 이 나라를 변화 없이 보전하기 위해서는 고려해야 될 사항들이 많이 있지만, 유용한 교육과 양육을 잘 보존한다면 이 나라 역시 잘 보존될 것이고 교육을 잘 받은 사람들은 결혼과 양육의 문제를 '친구들의 것은 공동의 것'(424a)이라는 원칙에 입각해 잘 처리할 것이라고 소크라테스는 말한다.

소크라테스, 나라에서 지혜·용기·절제·정의의 덕목을 찾다

이렇게 해서 말로(이론적으로) 나라를 세운 소크라테스는 이제 이 나라 안에서 정의와 부정의를 찾아보자고 한다. 이 나라는 처음에 소크라테스가 세웠던 건강한 나라가 아니다. 그리고 글라우콘이 이 건강한 나라가 사람들의 나라가 아니라 돼지들의 나라라고 불만을 제기해서 여기에 사치스러움을 추가해서 세웠던 염증 상태의 나라도 아니다. 이 나라는 염증 상태의 나라를 수호자 계층의 교육을 통해 정화시킨 나라이다. 그래서 소크라테스는 이 나라를 글라우콘의 나라라고 부른다. 우선 소크라테스는 "이 나라가 지혜롭고 용감하고 절제 있고 정의롭다는 것은 분명"(427e)하다고 말한다. 그리고 지혜롭다는 것은 숙고를 잘한다는 것을 말하며, 이는 수호자 집단이 갖는 특성이며 신념의 보존이라고 정의한 용기 역시 군인 계층인 수호자 집단의 것이라고 말한다. 이어서 소크라테스는 절제는 즐거움과 욕구들의 제어라서 "나라에서든 한 사람에서든 더 못한 것과 더 나은 것 중 어느 쪽이 다스려야 하는가를 두고 양쪽이 본성에 맞는 화합을 이루는 것"(432a)이라며 절제는 생각의 일치라고 규정한다. 마지막으로 그들이 원래 찾던 정의에 이르러서 소크라테스는 그것이 처음에 나라를 세웠던 분업의 원칙에서도 확인됐던 '자신의 것(일)을 가짐과 함'이라고 말하고 그 반대로 자신의 자연적 성향에 맞지 않게 세 부류들이 상호간에 참견하고 자기 일을 바꾸는 것을 부정의라 말한다.

이렇게 해서 나라 안의 정의를 찾았는데, 실상 이것은 1권

친구들의 것은 공동의 것

친구들의 것은 공동의 것(koina ta tōn philōn)이라는 말은 본래 피타고라스학파가
종교 단체로서 공동체 생활을 하면서 표어로 내세운 것인데, 플라톤 당시에는 이
미 속담처럼 통용된 말이다. 플라톤은 이를 '피타고라스적 생활 방식'이라 부르
는데, 이 말은 『국가』에서 좁게는 수호자 계층의 '처자공유'의 정신에 적용되며,
넓게는 나라 전체를 시민들 모두의 것으로 이해하는 방식으로 이해된다. 공화국
(republic)의 어원인 'res publica(공동의 것)'도 같은 정신에서 나온 말이다.

에서 케팔로스와 논의를 시작했을 때부터 발아 상태로 있었던
것이었다. 빚을 진다는 것은 남의 것을 갖는 것이니 이를 돌려
주어 자신의 것을 갖게 하는 것이 정의요, 친구와 적들에게 각
자의 정당한 몫을 나눠주는 것도 일종의 정의이다. 정의는 남
에게 좋은 일 시켜주는 것이라는 트라쉬마코스의 생각도 정의
를 세우는 재판관의 일을 생각하면 일리가 있는 생각이다. 이
렇게 소크라테스는 1권에서 나왔던 생각들을 정련해 정의의
규정에 도달한다.

덕은 영혼의 건강과 같다

이제 소크라테스는 이 논의의 본래 목적으로 돌아가 개인

에게 있는 정의를 찾기 위해 "정의로운 사람도 정의라는 특성 자체의 측면에서는 정의로운 나라와 전혀 다르지 않고, 정의로운 나라를 닮았을 것"(435b)이라고 가정한다. 그리고 개인의 영혼도 나라처럼 세 부분으로 되어 있는지를 확인하기 위해 "동일한 것이 동일한 측면에서 동일한 것에 관련해서 동시에 반대되는 것들을 하거나 겪을 수는 없다"(436b)는 원칙에 따라 우리 안에 있는 욕구, 기개, 지혜의 부분이 각기 다르다는 것을 확인하고 이를 욕구적인 부분, 기개적인 부분, 이성적인 부분이라 불러 영혼의 삼분설을 확정한다.

나라와 개인의 영혼 모두가 같은 부분들로 이루어진다는 것을 확인하면, 나라도 개개인도 같은 방식으로 지혜롭고 용기 있으며 그 밖의 덕과 관련된 모든 것들에서도 다 이런 식이라는 것을 알게 된다. 그러니 "사람 역시 나라가 정의로웠던 방식과 동일한 방식으로 정의롭다".(441d) 그래서 개개인이 정의롭게 되는 것은 "참된 자기 자신과 자신의 것들과 관련해 자신 안의 각각의 것이 (자신의 것이) 아닌 남의 것을 하거나 영혼 안에 있는 부류들이 서로 참견하는 것을 허용하지 않고, 진정한 의미에서 자신에게 속한 것들을 잘 가다듬고 자기가 자기 자신을 다스리고 조율하여 자신과 친구가 되게 하는 것"(443d)이다. 그리고 이것은 마치 "건강을 생기게 함은 몸 안에 있는 것들이 본성에 맞게 서로 지배하고 지배받도록 확립하는 것인 반면, 병을 생기게 함은 하나가 다른 하나를 본성에 어긋나게 다스리고 다스림을 받도록 확립하는 것"(444d)과 같다. 그래서 "덕은 일종의 영혼의 건강이고 아름다움이며 좋은 상태인 반면, 악덕은 질병이며 추함이고 허약함"인 것이 드러난다. 그렇게 해서 2권 전반부에서 제기됐던 문제, 남이 알아주지 않아도 정의로운 사람의 삶이 완벽하게 정의로 가장된 사람의 삶보다 좋은지에 대한 답은 자명한 것이 되었다. "모든 먹을 것과 모든 마실 것과 모든 부와 모든 권력이 갖추어지더라도 우리 몸의 본성이 망가지면 살 가치가 없"(445a)기 때문이라는 것이 글라우콘의 결론이다.

철인왕의 출현

처자공유는 수호자의 사적 소유 금지의 근본이다

글라우콘의 결론에도 불구하고 소크라테스는 이 결론을 최대한 명확하게 보기 위해 덕과 악덕의 유형들을 살펴보자고 한다. 덕은 하나이지만 악덕은 여럿이고, 이들 악덕의 영혼들은 정치체제와 짝을 이룬다며 이 짝들을 살펴보려는 것이다. 그런데 이때 듣고 있던 사람들을 대표해서 아데이만토스가 앞에서(424a) 소크라테스가 이상국가에서는 '친구들의 것은 공동의 것'의 원칙에 따라 결혼과 양육의 문제가 잘 해결되리라고 말한 것을 문제 삼는다. 그는 수호자의 양육과 처자의 공유 문제를 그렇게 얼렁뚱땅 넘어가면 안 된다고 말한다.

이렇게 해서 5권은 처자공유의 문제를 다시 다루면서 시작한다. 소크라테스는 처자공유의 문제를 제대로 다루기 위해 먼저 수호자의 본성에 맞는 사람을 찾는 일에 남녀의 구별이 있을 수 없음을 밝힌다. 남녀의 신체적, 성향적 차이라고 하는 것은 사실 개별적인 차이일 뿐이지 성별의 차이는 아니라는 것이다. 따라서 수호자에 맞는 적성을 갖춘 아이들을 남녀 차별 없이 뽑아 수호자 교육을 받게 하되, 주거와 식사를 같이하듯이 이들은 성적 파트너 역시 공유한다. 성적 관계는 갖되 가정을 갖지 않고 아이들을 사적으로 양육하지도 않고 공유한다. 수호자의 아이들은 태어나자마자 부모를 모르는 채 공동탁아소에서 양육과 교육을 받는다. 수호자 계층이 아닌 아이들 중에서도 자질이 뛰어난 아이는 수호자 교육으로 편입하고, 반대로 자라면서 적성이 맞지 않는다는 것이 판명된 수호자의 아이들은 생산자 계층으로 이동시킨다. 이렇게 되면 젊은이들은 부모 세대의 수호자들을 부모처럼 섬길 것이고 반대로 수호자들은 자식뻘의 아이들을 자식처럼 아낄 것이라는 게 소크라테스의 생각이다.

철학자가 통치자가 되어야만 현실을 구원할 수 있다

처자공유의 문제에 이어 소크라테스가 받는 질문은 이러한 나라가 어떻게 가능한지다. 소크라테스는 화가가 그린 그림 속 아름다운 사람이 실제로 존재하지 않더라도 화가의 훌륭함이 손상받지 않듯이 우리의 나라도 훌륭한 본으로서 충분한 의미가 있다고 말하면서도, 말로 만든 나라를 현실화할 유일한 방안이 있다고 한다. "철학자들이 나라의 왕이 되거나 오늘날 왕이라고 불리는 자들과 권력자들이 진정으로 그리고 충분하게 철학을 하게 되지 않는 한, 그래서 정치권력과 철학이 하나로 합쳐지고 오늘날 둘 중 어느 한쪽으로만 향하고 있는 여러 성향의 사람들이 그렇게 하지 못하도록 강제되지 않는 한, 나라들에 나쁜 일들이 멈추지 않을 것"(473d)이라는 것이다. 이른바 철인왕이 필요하다는 말이다.

기원전 7세기 전후로 발생한 자연과 인간에 대한 지적 탐구에 대해 피타고라스는 'philosophia'란 이름을 붙였다고 한다. '지혜에 대한 사랑', 이것이 이 말의 뜻이다. 소크라테스는 지혜를 사랑하는 철학자가 통치자가 되어야 하는 이유로 그들이 참으로 있는 것을 사랑해 그것들에 대한 앎을 갖고, 거짓으로 있는 것을 미워해 "아름다운 것들과 정의로운 것들, 좋

본

플라톤의 이데아는 이론적으로는 인식과 존재의 기초가 되는 것이지만 실천적으로는 실천의 근거가 된다. 예를 들어 아름다운 것들이 아름다운 이유는 이론적으로 아름다움의 이데아가 어떤 식으로든 아름다운 것들과 관계를 맺기 때문인데, 예술가 아름다운 예술품을 만들 때에 예술가는 아름다움의 이데아를 본(paradeigma)으로 삼아서 예술작품을 만든다. 플라톤은 『티마이오스』에서 우주의 창조자인 데미우르고스가 이데아를 본으로 삼아 우주를 만든다고 설명함으로써 실천의 자연철학적 근거를 마련한다.

은 것들에 관한 이 땅에서의 관례들을 정할 필요가 있을 때, 가장 참된 것을 바라보고 항상 거기에 조회하며 가능한 한 정확하게 관찰하고서 관례를 정할 수"(485d) 있기 때문이라고 했다. 또한 이들은 지혜 사랑에 욕구가 쏠려 육체적 즐거움을 무시하여 절제가 있고 돈에 관심이 없으며 자유인다운 기풍이 있다. 하지만 나라의 주인인 대중은 정치선동꾼들의 협작질에 눈이 멀어 참된 나라의 선장인 철학자를 무시한다. 또 철학자들이 가진 자질이 세속적인 욕망의 실현을 위해서도 유용해 이들을 써먹으려는 대중들과 친족들 때문에 이들 대다수가 타락하고 만다. 그리고 이렇게 해서 마땅한 자질을 가진 사람들로 채워지지 못한 철학의 빈자리가 허명을 쫓는 부자격자들에 의해 채워져 철학이 오명을 얻었다는 것이 소크라테스의 진단이

철인왕

플라톤이 '왕이 철학자가 되거나 철학자가 왕이 되거나'라는 표현을 사용한 것에서 이 '철인왕'이란 말이 나왔을 텐데, 왕이 철학자가 된다는 앞의 말은 현실적으로 절대권력을 가진 왕이 철학자가 된다면, 도탄에 빠진 현실을 구원할 수 있다는 뜻으로 한 말이다. 반면에 뒤의 왕은 '일인 통치자'라는 뜻으로, 이상국가에서 철학자들이 순번에 따라 왕이 되어 일인 통치를 하는 것이 '철인왕'의 근본적인 생각이다.

다. 철학이 처한 이런 처지 때문에 철학자가 통치자가 되는 일은 불가능에 가깝지만, 반대로 철학자가 통치자가 되지 않는 한 모든 나라는 파멸을 피할 수 없기 때문에 철학과 권력을 일치시킬 수 있는 가능성을 모색해야 한다.

철학자가 되려면 좋음의 형상을 아는 교육을 받아야 한다

이렇게 철인정치의 실현 가능성을 짚어본 후 소크라테스는 나라의 통치자가 되어야 할 엄밀한 의미의 수호자들이 받을 교육에 대해 이야기한다. 2권부터 4권까지 했던 수호자들의 선발과 교육은 나라를 지킬 군인 계층에 대한 것이었고 기초교육이었다. 그러나 이제부터 이야기할 엄밀한 의미의 수호자

있는 것

플라톤은 참된 앎의 대상이 되는 것을 '형상(이데아)'이라고도 부르지만 '(참으로) 있는 것(to on)'이라고도 부른다. 의견(doxa)의 대상이 되는 '감각적인 것'이 생성, 소멸, 운동, 변화하는 데 비해서 앎의 대상인 형상들은 있는 그대로 변함없고, 생겨난 것도 생길 것도 아니며 운동하지 않기 때문이다.

들은 앞의 계층에서 다시 지혜 사랑의 자질을 갖춘 자들을 선발해 철학자로 교육하는 철학 교육이다. 소크라테스는 철학자가 되어야 할 사람들이 배워야 할 가장 큰 배울 거리로 좋음의 형상을 이야기한다. 앞에서 이야기했던 정의, 절제, 지혜, 용기도 그것들이 좋은 것임을 알지 못한다면 추구할 이유가 없고, 세상 모든 것이 다 그렇다. 그렇지만 좋음 자체가 무엇인지를 설명하기란 너무 어려워서 소크라테스는 좋음과 가장 닮은 것, 즉 좋음에 대한 비유적 설명을 시도한다. 그 첫 번째로 소크라테스는 좋음을 태양에 비유한다. "가지적인 것의 영역에서 좋음이 지성 및 사유되는 것들과 맺는 관계가 가시적인 것의 영역에서 태양이 시각 및 보이는 것들과 맺는 관계와 같다"(508a)는 것이다. 두 번째 비유는 앞의 태양의 비유에 나오는 '가지적인 것의 영역'과 '가시적인 것의 영역'을 두 부분으로 나눈 선분으로 생각해보는 '선분의 비유'이다. 이 선분은 다시 각기 둘로 나뉘어 가시적인 부분의 한 부분은 물에 비친 사물의 모습인 물그림자와 같은 모상들이고, 다른 부분은 그 물그림자의 원본들, "즉 우리 주위의 동물들과 모든 식물들, 그리고 인공물의 종류 전체"(510a)이다. 이에 비해 가지적인 영역의 한 부분은 수학자들이 그리는 사각형이나 대각선들 같은 것들이고, 다른 한 영역은 이 그림들을 모상으로 사용해 수학자들이 사고하는 대상인 이 모상들의 원본에 해당하는 것이다. 다시 소크라테스는 가지적인 것들의 두 영역과 가시적인 것들의 두 영역에 상응하는 영혼의 상태로 각기 지성적 이해(noēsis), 사고(dianoia), 확신(pistis), 짐작(eikasia)을 놓는다.

세 번째이자 마지막 비유는 그 유명한 동굴의 비유이다. 이 비유의 목적은 교육 여부에 따른 인간 본성의 상태를 밝히기 위한 것으로 지하 동굴에 앞만 보게 결박되어 있는 수감자들의 상황을 먼저 보여준다. "그들 뒤쪽으로는 멀리 위에서 불빛이 타오르고 있는데, 그 불과 수감자들 사이에는 수감자들 위에 가로로 길이 나 있고 길을 따라 담장이 세워져 있다. (……) 이 담장을 따라서 사람들이 온갖 종류의 물건들과 돌이나 나무나 온갖 재료로 만들어진 인물상이나 다른 동물 모형을 담장 위로 쳐들고 다니며 (……) 어떤 이들은 소리를 내면서 이것들을 들고 다니고 어떤 이들은 조용히 들고"(514b-515a) 다닌

좋음의 형상

플라톤이 『국가』에서 철학자는 '좋음의 형상(to agathon)'을 볼 수 있어야 한다고 하지만, 정작 좋음의 형상에 대한 명확한 이야기는 하지 않고 비유를 통해서만 한다. 『국가』 이후의 대화편에서도 플라톤은 좋음의 형상에 대해서 명확한 이야기를 하지 않으며, 관련된 이야기가 부분적으로라도 있는지는 논란거리이다. 다만 아리스토텔레스의 제자 아리스토크세노스가 전하는 아리스토텔레스의 증언에 따르면 언젠가 플라톤이 좋음에 대한 강의를 한다고 해서 많은 청중이 모였는데, 정작 플라톤이 수학, 기하학, 천문학, 좋음의 단일성을 이야기해 청중이 실망했다고 하니, 좋음의 형상은 이들 학문들과 밀접히 연관된 성격을 가졌음을 짐작할 수는 있다.

다. 그래서 이들 동굴의 수감자들은 벽에 비친 그림자들이 실제 사물들이라고 여긴다. 그런데 소크라테스는 그중 누군가가 풀려나 돌아서서 빛을 보는 상황을 가정한다. 처음에 그는 동굴 안을 비추는 타오르는 불빛만 보고도 눈부셔 하고 그림자들이 실재라고 믿겠지만, 이후에 동굴 밖까지 끌려나가 동굴 밖에서 그림자들과 물에 비친 실물들의 영상들을 본 후 실물들 자체를 보고 나서 하늘에 있는 것들과 하늘 자체를 구경하다가 태양을 직접 보게 된다. 그리하여 그는 태양에 관해서 "이것이 계절과 해를 가져다주는 것이고 가시적인 것의 영역의 모든 것을 관장하는 것이며, 어떤 방식으로는 그들이 보았던 저 모든 것들의 원인"(515b-c)이라고 추론한다. 하지만 이

동굴의 우화를 보여주는 그림.

사람이 다시 동굴로 내려가면 동굴의 어둠에 다시 익숙해지
는 데 시간이 걸려 계속 수감되어 있던 자들과 그림자들을 분
간하는 시합을 해서 지고 웃음거리가 되며 그들을 풀어주려는
이 사람을 죽이게 될 것이라고 소크라테스는 말한다. 소크라테
스의 입을 빌려 소크라테스의 운명을 플라톤이 말한 것이다.
이 비유에서 시각을 통해 보이는 것이 감옥의 거처이고, 감옥
의 불빛은 태양의 힘에 해당한다. 위로 올라가는 것(anabasis)과
위에 있는 것들을 구경하는 것은 가지적인 영역으로의 영혼의

등정이며 알 수 있는 것(가지적인 것)에서 가장 마지막에 겨우 볼 수 있는 것이 좋음의 형상으로 이 비유에서는 태양 자체에 비유된다.

가장 지혜롭고 훌륭한 자들이 통치하는 '최선자정체(aristokratia)'에서는 이들 비유에서 말하는 가장 큰 배울 거리에 도달하도록 "가장 훌륭한 자연적 성향들을 강제"하고 "저 오르막길을 오르고 좋음을 보도록 강제"(519c-d)해야 한다. 그리고 그들이 충분히 보고 나면 현실세계의 통치가 아니라 지혜의 세계에 머물고 싶어하는 철학자들을 "그들이 철학자들이 된 것이 나라의 덕택이고 (……) 통치하려는 열망이 가장 적은 사람들이 통치하게 되는 나라가 가장 훌륭하고 가장 내분 없이 다스려질 것이 필연적"(520d)이라는 말로 설득하고 강제해 철학자들이 통치를 맡게 해야 한다. 이들은 차례에 따라 통치를 맡고, 이후에는 은퇴하여 철학자의 삶을 살게 된다.

이러한 철학자들을 길러내기 위해서는 '있는 것'으로 오르는 등정이 필요하며 이러한 등정을 가능하게 하는 배울 거리가 필요하다. 이 배울 거리들은 생성소멸하는 것으로부터 '있는 것'으로 영혼을 이끌어내는 것이어야 한다. 이전에 배웠던 신체 단련은 생성소멸하는 몸과 관련된 것이었고 시가 교육은 앎이 아니라 습관을 통해 수호자들을 교육하는 것이었다. 소크

최선자정체

라테스가 찾은 첫 번째 배울 거리는 계산 기술이다. 계산과 셈은 전사에게 필수적인 배울 거리인 동시에 계산의 기초인 수 자체는 눈에 보이는 것이 아니라 그것을 이해하기 위해서는 사유를 발동해야 하는 것이기 때문이다. 두 번째 배울 거리인 기하학 역시 전사에게도 필요하고, ‘있는 것’을 찾아 우리의 영혼을 위를 향하도록 하는 것이다. 세 번째로 소크라테스는 당시로서는 아직 확립되지 못한 입체기하학을 꼽았고, 다음으로는 천문학을 꼽았다. 하지만 천문학이 철학자의 배울 거리가 되기 위해서는 관찰에 매여서는 안 되고 기하학처럼 문제를 풀이하는 수리천문학이 되어야 한다고 소크라테스는 말한다. “눈이 천문학에 맞춰져 있듯이 귀는 화음이 있는 운동에 맞춰져 있으며, 이것들은 서로 일종의 자매 학문”인 듯하다고 말하며 소크라테스는 다섯 번째 배울 거리로 화성학을 말한다. 하지만 이 학문 역시 감각을 중시해서는 안 되고 소리들 안에 있는 수들을 탐구해 문제들의 차원으로 올라가는 것이어야 한다고 소크라테스는 말한다.

좋음 자체를 본 철학자들은 때가 오면 통치를 맡는다

하지만 이 배움들은 본곡에 앞서는 서곡에 불과하고 이 배움들을 영혼의 전환을 함께 돕는 조력자로 삼아 배워야 할 것은 변증술(dialektikē)이다. 플라톤이 『국가』 이후의 대화편들에서 나눠서 설명하는 변증술에 대해서 여기서는 구체적으로 설명하지 않는다. 다만 이전의 다섯 가지 배움들은 진정한 앎이 아니라 믿음과 앎의 중간쯤에 해당하는 것으로 앎에 이르기 위해 그려진 도형이나 눈에 보이는 숫자들을 모상으로 사용하고 가정하는 것이다. 이에 반해 변증술은 지금껏 소크라테스가 해보였듯 대화를 통한 논증으로, 가정들을 제거하고 근본적인 원리 자체로 나아가 좋음을 비롯한 형상들을 설명할 수 있는 앎이라고 소크라테스는 말한다.

어릴 때 놀이처럼 배우는 다섯 가지 교과목들을 배운 후 '필수적인 신체 단련'이라 부르는, 아마도 군복무를 가리키는 2~3년간의 과정을 마친 후 변증술을 배우는 과정을 견뎌낼 자

변증술

변증술(dialektikē)은 말 그대로 풀이하면 '대화를 나누는 기술'이다. 이것은 생전의 소크라테스가 평생 사람들과 대화를 나눴던 것을 플라톤이 방법론적으로 정립한 것이라 볼 수 있다. 『국가』 이후에 플라톤이 『정치가』 『소피스트』 등에서 보여주는 것에 따르면 변증술은 논의 대상이 되는 것과 관련해서 그것들의 하위 부류들을 대화를 통해 나누는 '나눔'의 과정과 나눠진 것들을 합치는 '모음'의 과정으로 구성된다. 이 과정을 통해 어떻게 좋음의 형상을 보는지는 분명하지 않은데, 다만 플라톤의 편지들 중 『일곱째 편지』에서는 스승과 제자가 이런 변증술적 대화를 나누다 보면 불현듯 스승에게서 제자에게로 불이 옮겨붙는다는 신비적인 설명을 한다.

질을 갖춘 자들을 뽑는다. "이들은 아이 때 받은 교육에서 체계 없이 주어졌던 배울 거리들을 한데 모아서, 배울 거리들 상호간의 친족 관계와 '있는 것'의 본성에 대해 전체적인 조망을 갖도록"(537c) 교육을 받는다. 한편 그들은 전체적인 조망을 할 수 있는 변증술에 밝은 사람이 될 수 있는 적성이 있는지를 가늠하는 가장 큰 시험을 받게 된다. 10년에 걸친 이 기간 후에 최종적으로 선발된 인원들이 비로소 변증술 훈련을 받는다. 5년간의 훈련이 끝나면 그들은 동굴로 내려가는 과정을 거치기 위해 전쟁과 관련된 일들을 관장하고 젊은이들에게 맞는 관직을 맡도록 강제해 경험에서 남들에게 뒤지지 않도록 하기도 하고 그들이 흔들림이 없는지 시험을 받기도 하는 시간을 보내게 된다. 15년의 시간을 보내고 이들이 쉰 살이 되면, "모든 점에서 모든 식으로 가장 뛰어난 성취를 보인 이들을 드디어 최종 목적지로 인도해야 한다. 그리고 영혼의 눈길을 들어올려 만물에 빛을 제공하는 것 자체를 바라보도록 강제해야 한다. 좋음 자체를 보고 나면 그것을 본으로 삼고서, 남은 삶 동안 각자가 차례로 나라와 개인들과 자기 자신들을 질서 있게 만드는 일을 하게 해야 할 것이다. 그들은 대부분의 시간을 철학을 하며 지내겠지만, 차례가 오면 각자가 나랏일로 고생하면서 나라를 위한 통치를 할 것이다."(540a-b)

나쁜 나라들과 나쁜 영혼들의 출현과 몰락

최선자정체 이후: 명예정, 과두정, 민주정, 참주정

철인왕의 출현에 이르는 긴 이야기(5권에서 7권) 이전에 소크라테스가 하려고 했던 이야기는 악덕을 지닌 부정의한 자들에 대응하는 정치체제들을 살펴보는 것이었다. 남이 알아주지 않아도 정의로운 사람의 삶이 완벽하게 정의로 가장된 사람의 삶보다 좋은지를 최대한 명확하게 알아보기 위해서였다. 소크라테스는 자신이 말로 건설한 '최선자정체' 외에 논의할 만한

가치가 있는 정치체제는 크레테 체제 또는 스파르타 체제라고
도 불리는 명예정(timokratia), 과두정(oligarkia), 민주정(dēmokratia),
참주정(tyrannis), 이 네 가지라며 그밖의 정치체제는 이것들 사
이 어디쯤에 있는 것들이라고 말한다. 이 논의를 시작하면서
소크라테스는 인간 성격의 종류는 이들 정치체제와 종류와 그
수가 같다고 하며, 정치체제와 시민들의 성향 간의 긴밀한 연
관을 다시 확인한다. 그래서 "나라의 종류가 다섯이면 개인의
영혼이 구성되는 방식도 다섯 가지"(544e)가 된다.

정치의 타락은 영혼의 타락을 부른다

이 정치체제들의 순서는 최선자정체로부터 멀어지는 순서
이고, 영혼이 타락하는 순서이기도 하다. 그래서 소크라테스는
이들의 발생을 최선자정체의 몰락 이후 순차적으로 등장하는
정치체제들의 발흥과 몰락 과정으로 설명한다. 먼저 최선자정
체가 몰락한다. 최선자정체는 이론적으로는 완전한 것이지만
생성된 것이기 때문에 소멸 역시 피할 수 없다. 소멸의 계기는
수호자들의 자식들을 출산하는 적절한 시기를 계산하는 데 실
패하는 데서 비롯된다. 이로써 자질이 부족한 자들이 수호자가

되면서 최선자정체는 몰락의 길을 걷는다. 잘못된 통치자들은 시가와 신체 단련을 소홀히 하고 나라를 이루는 세 계층에 적절한 자들을 고르는 데 실패한다. 따라서 본래의 체제를 고수하려는 쪽과 사유재산을 가지려는 쪽으로 갈라져 내분을 벌이다 중간에서 합의해 명예정을 이룬다. 이 체제는 더이상 지혜로운 자들을 믿지 못하고 평화보다 전쟁에 관심 있는 기개 있고 단순한 사람들을 선호하고 전쟁으로 지새우게 된다. 기개 부분이 승리한 이 체제에서는 승리와 명예에 대한 사랑이 두드러진다. 이 체제에 속하는 사람은 최선자정체에 속하는 아버지를 둔 아들로서 타락한 현실 속에서 정의로운 아버지가 무능한 남편으로, 무기력한 주인으로 비난받는 소리를 듣고 자라 아버지를 존경하기도 하고 경멸하기도 한다. 그래서 그는 젊어서는 재물을 경멸하겠지만 나이가 들며 재물을 밝히고 다스리기를 좋아하고 명예를 사랑하나 시가에 밝지 못하고 신체 단련을 좋아하고 사냥을 즐기는 사람이다.

그 다음에 오는 체제는 과두정인데, 재산을 평가해 그것을 기반으로 권력을 배분하는 정치체제로 부자들이 통치하고 가난한 자들은 통치에 관여하지 못한다. 이 나라는 명예정 때 몰래 비축한 재산을 대놓고 쓰고 싶어하는 마음이 쌓이고 돈벌이를 사랑하고 덕을 낮게 평가하면서 성립한다. 과두정에서는 가난한 자들과 부자들의 대립으로 나라가 분열된다. 부자들은 돈을 사랑해 전쟁에 대비하는 데 돈을 쓰지 않으며 가난한 대중을 두려워해 대중을 전쟁에 동원할 수 없어 허약한 나라가 된다. 이 나라에서는 시민들의 기본자산을 인정하지 않아 부익부 빈익빈이 심화되어 가산을 탕진하는 자가 나타나고, 장차 이들이 나라의 우환이 된다.

과두정적인 사람은 명예정적인 사람의 아들로서 그 역시 명예정에서 잘 나가던 아버지가 권력 투쟁 끝에 몰락하는 과정을 목격한다. 이를 보고 겁먹은 그는 명예와 기개를 멸시하고 돈을 최고의 가치로 알게 된다. 그는 돈을 중시하고 절약하며 열심히 일하는 점에서 과두정을 닮는다. 교육에 돈을 쓰는 데도 인색해 교육이 부재함으로써 자신의 욕망을 통제하기 힘든데 돈에 대한 욕구로 간신히 누르고 있는 상태다. 이들은 경쟁과 명성을 위해 돈을 쓰지 않기 때문에 싸움에서는 대개 패하지만 부자로는 남는다.

과두정에서 민주정으로의 변화는 "과두정이 좋음이라고 내세운 것에 대한 끝없는 추구, 즉 최대한으로 부자가 되어야 한다는 그 끝없는 추구 때문에 일어난다"(555b)고 소크라테스는 말한다. 최대한 부자가 되기 위해서 과두정의 통치자들은 젊은이들이 재산을 탕진하도록 그들의 방탕을 방관한다. 그리고 이렇게 해서 몰락한 자들은 부자 통치자들을 증오하고 혁명을 열망한다. 반면에 통치자들의 아이들은 호사스럽게 자라 육체와 정신 모두 나약하고 게으르다. 우연한 기회에 부자들을 마주한 가난한 자들은 통치 계급의 허약함을 알게 되고 부자와 빈자 모두 과두정 국가와 민주정 국가에서 동맹군을 불러들여 내분을 일으키고 가난한 자들이 승리하면 민주정이 성립된다.

민주정에서는 시민권과 관직을 균등하게 나누어주려고 하며, 그 방식으로 추첨을 택한다. 이 나라에는 자유가 충만해 자신이 원하는 것을 할 수 있는 제멋대로의 자유가 있어서 자기 마음에 드는 자신만의 방식으로 삶을 꾸려갈 것이다. 그래서 다스려야 할 강제도 다스림을 받아야 할 강제도 없다. 이런 나라에 사는 사람은 어렸을 때에는 과두정적인 아버지 밑에서 자라 필수적인 욕구 외에는 억제하며 산다. 하지만 교육에 인색한 아버지 탓에 교육을 받지 못하고 자라, 나이가 들어 외부의 자극에 노출되면 내분과 역내분의 자기 자신과의 싸움을 겪는다. 결국에 민주정적인 요소에 굴복한 그는 필수적이지 않은 쾌락을 위해 재물과 수고와 시간을 낭비하며 모든 쾌락을 골고루 존중하는 삶을 살게 된다.

마지막으로 참주정은 민주정이 생겨났던 방식, 즉 이전 체제가 좋은 것으로 규정한 것에 대한 끝없는 추구에 의해서 생겨난다. 민주정이 좋음으로 규정했던 것은 자유로서, 민주정적인 사람은 자유를 극단적으로 추구해 무정부 상태에 이른다. 혼란의 와중에 거칠고 게으르고 사치스러운 자들이 앞장 서 탄핵과 재판, 소송을 벌여 부유한 자들의 재산을 빼앗는다. 그런 후 자신들이 큰 몫을 차지하고 나머지를 민중에 나눠주어 민중들의 환심을 사서 그들 중 하나가 명망을 얻어 급기야는 그를 지켜줄 경호대를 민중이 마련해주게 된다. 처음에 그는 민중에게 잘 보이려는 정책을 펴지만 다른 한편으로는 계속해서 전쟁을 일으켜 민중이 지도자를 필요로 하는 상황을 만들어간다. 그는 참주의 지위를 유지하기 위해 비판자들을 제거하고 감시하는 삶을 살고, 이를 위해 외국의 용병들을 고용하거나 시민들의 노예를 빼앗아 자유를 주는 대신 자신의 경호병으로 삼는다. 그리고 이 군대를 유지하기 위해 나라의 재물을 사용하고 결국에는 민중들에게서 세금을 거두게 되면, 그때서야 민중들은 자신들이 낳고 기른 짐승이 어떤 짐승이었는지를 알게 된다.

참주정적인 인간은 민주정적인 인간의 아들이다. 민주정적인 인간은 돈벌이에 혈안이 된 아버지와 온갖 욕구들을 즐기는 주변 사람들의 생활방식 중간에 자리 잡아 나름대로 자유를 즐기지만 그렇다고 불법적인 욕구를 품고 이를 채우는 삶을 살지도 않는다. 반면에 그의 아들은 욕구의 충족을 극단적으로 추구하는 자들에 둘러싸여 술에 취하거나 꿈에서나 꾸어볼 욕구들을 채우는 삶을 살며, 자신의 욕구를 채우기 위해 부모의 재산을 빼앗고 온갖 범죄를 서슴지 않고 저지른다. 그는 욕구들의 독재에 지배받는 사람이다.

철학자와 참주, 누가 더 행복할까

트라쉬마코스는 1권에서 참주를 가장 행복하고 복된 사람이라고 찬양했었다. 가장 부정의하면서도 정의로운 자를 자처하고 다른 사람을 부정의의 이름을 붙여 탄압할 수 있는 권력을 가진 독재자는 무엇이든 할 수 있고 누구도 막지 못하기 때문에 가장 행복한 자라고 했다. 이제 소크라테스는 5권 초입에서 시작하려다 철인왕의 교육에 대한 논의 때문에 미뤄져 8권에 와서 다시 제기했던 문제에 대해 최종적인 결론을 내리려한다. 남이 알아주지 않는 정의로운 자와 완벽하게 정의로 가장한 부정의한 자 중 누가 행복한가? 첫 번째로 참주정의 나라가 가장 자유롭지 못하고 비참하듯이, 참주정적인 사람이 자기

욕망의 노예가 되어 가장 자유롭지 못하고 비참하다. 게다가 참주는 주변에 진정한 친구는 없고 언제든지 적이 될 수 있는 자들뿐이니 참주정적인 사람보다 더욱더 비참하다.

두 번째로 우리의 영혼은 지혜를 좋아하는 이성 부분, 명예를 좋아하는 기개 부분, 돈을 통해 욕구를 채우기 때문에 돈을 사랑하는 욕구 부분으로 나뉜다. 그런데 지혜를 사랑하는 자는 생존에 필요한 필수적인 욕구를 가져 그것을 채우는 데 따르는 즐거움을 알 수 있다. 또한 자신이 목표로 삼았던 것을 이루어낼 때 따라오는 명예 역시 지혜를 추구하는 과정에서 자연스럽게 누린다. 하지만 돈을 사랑하는 자는 명예의 즐거움을, 명예를 사랑하는 자는 지혜를 관조하는 즐거움을 누리지 못한다. 따라서 지혜를 사랑하는 자는 모든 즐거움에 대한 경험을 갖고 그것들의 좋고 나쁨을 판단할 유일한 자격이 있다. 그런데 그는 지혜를 사랑하니 지혜를 사랑하는 자가 가장 행복하다.

세 번째로 우리가 일반적으로 즐거움이라고 부르는 것은 진정한 즐거움이 아니다. 예컨대 음식을 먹어 배를 채우는 것은 목마름과 굶주림의 고통을 제거하는 것일 뿐인데 즐거움이라고 부른다. 진정한 즐거움은 고통에서 나오지 않아야 한다. 하지만 몸을 통한 즐거움은 음식과 같은 것들로 결핍을 채움으로써 생기는 것이고, 그것들은 생성소멸하기 때문에 덜 존재하는 것이다. 반면에 지혜의 충족은 진정한 있는 것으로 채우는 것이라 더 참된 즐거움에 참여하는 길이다. 또한 욕구들이 앎과 이성을 따라 함께 즐거움을 추구하게 되면 현명한 부분이 이끌어줌으로써 각자에게 고유한 최상의 좋은 것을 취하게 될 것이다.

이렇게 소크라테스는 세 차례의 논증을 통해서 최선자정체의 철학자가 참주정의 참주보다 729배 즐겁게 산다고 말한다.[2]

---

2 이 계산에 대해서는 『국가』 587b-e 참고.

시와 신화에 대한 이야기

『국가』 10권의 존재 이유에 대해서는 예로부터 여러 가지 논란이 있었다. 10권은 내용이 둘로 나뉘는데, 시가에 대한 비판과 사후 세계에 대한 에르 신화 이야기다. 그런데 3권에서 이미 했던 시가 비판을 여기서 다시 하는 이유와 3권과 다른 비판의 강도도 논란거리이고, 에르 신화가『국가』의 맨 끝에 온 이유 역시 논란거리이다. 그런데 우리는 지금까지 그래왔듯이 여기서도 해설을 하기보다는 내용을 간략히 소개하기로 한다.

소크라테스는 참주와 철인왕에 대한 이야기를 마친 후, 자기들이 세운 나라는 특히 시와 관련된 정책이 잘 되었다고 말한다. 최선자정체에서 차례로 몰락해가는 나라들과 사람들을 보면 모방시를 허용하지 않은 것이 참 잘한 일이라는 말이다. 모방의 방식이 잘못된 첫 번째 이유는, 침대를 그린 그림은 실제 침대가 침대의 형상에 비하면 그것을 모방한 그림자이므로 더욱더 진리에서 멀어진 것이며 시 역시 마찬가지라는 것이다. 호메로스의 시에는 마차 경주술부터 신들의 이야기까지 온갖 세상 만물의 이야기가 다 나오지만, 이것들은 모방에 불과한 것인데도 사람들은 호메로스가 세상의 모든 진리를 말한다고 생각하니 문제라는 것이다. 이제 진리는 철학의 몫이 되어야 한다는 말이다.

두 번째 이유는 비극이 분노하고 슬퍼하는 성품을 모방하기 때문이라는 것이다. 불행을 맞아 침착하게 이성적으로 대처하는 성품은 대중들에게 이해도 안 되고 인기도 없다. 반면에 분노하고 슬퍼하는 성품은 다종다양한 대중들의 성미에 맞고 모방하기도 쉽다. 그래서 이 성품을 모방하는데, 그것은 결국 이런 성품을 즐기며 칭찬하는 일이 된다. 하지만 이것은 부끄러워할 성품이지 칭찬할 만한 것이 못 된다고 소크라테스는 말한다. 그래서 소크라테스는 호메로스와 같은 시인들을 자기들의 나라에서 추방해야 한다고 말한다. 이것이 플라톤의 시인 추방론이다.

하지만 시가 주는 즐거움은 크고 그에 대한 사랑은 우리의 마음을 흔든다. 그럼에도 불구하고 우리가 시를 경계하고 조심해야 하는 것은 시를 상대로 한 이 싸움이 우리가 "쓸모 있는 사람이 되느냐 나쁜 사람이 되느냐는 싸움"(608b)이기 때문이다. 이렇게 덕을 향한 우리의 분투는 가장 큰 보상으로 보답을 받는다고 소크라테스는 말한다. 이 보상을 말하기 위해서 우선 소크라테스는 영혼은 몸에 생기는 나쁜 것에 의해서도 영혼의 부정의에 의해서도 파괴되지 않는 불멸의 것임을 증명한다. 그러고서 그는 지금까지 논의를 위해서 부정의한 사람들이 누리는 좋은 것들을 이제 정의로운 사람에게 보상으로 돌려주어야 한다며 정의 자체로 좋은 점들과 정의의 결과로 좋은 것들을 열거한다. 그런 후, 정의로운 사람의 영혼은 사후에도 이보다 더 대단한 것들을 보상으로 받는다고 말한다. 이것을 위해 그가 소개하는 이야기가 에르 신화이다.

팜필리아 종족 아르메니오스의 아들 에르는 전쟁에서 죽었는데, 죽은 지 열이틀 만에 화장용 장작더미 위에서 깨어나 이런 이야기를 전해주었다. 그가 죽어 다른 영혼들과 함께 길을 떠나 땅과 하늘에 각각 두 개의 갈라진 틈이 있는 곳에 이르러 재판을 받았는데, 정의로운 자들은 하늘을 통해 오른쪽 윗길로

156

가게 하고 부정의한 자들은 왼쪽 아랫길로 가도록 했으나 에르는 저승의 일을 인간들에게 전달하는 역할을 맡으라는 판결을 받았다. 판결 후에 그는 오른쪽 아랫길과 왼쪽 아랫길에서 각기 부정의한 영혼과 정의로운 영혼이 천년의 여정을 마치고 돌아오는 것을 보았다. 이들은 생전에 저지른 부정의와 당한 부정의에 대한 각각의 대가를 열 배로 치르는 저승의 법도에 의해 각기 인간 생의 열 배에 해당하는 기간 동안 대가를 치르고 돌아온 길이었다.

　이후 에르는 다른 영혼들과 함께 길을 떠나 하늘의 모든 천구를 회전시키는 방추를 보고, 운명의 여신들이 영혼들의 운명을 정해주는 광경을 목격했다. 영혼들은 먼저 순서를 정하는 제비를 뽑고 순서에 따라 삶의 표본들을 뽑는데, 다만 그 삶의 표본들은 그 자리의 영혼들보다 수가 훨씬 많아서 선택의 여지가 있었다. 이 삶의 표본들에는 우여곡절이 있는 온갖 종류의 삶이 있는데, 각자는 생전의 삶에서 좋은 삶과 나쁜 삶을 분간할 줄 아는 앎을 가진 정도에 따라 자신의 다음 삶을 선택하게 된다. 이후 그들은 망각의 들판 레테로 가서 무념무상의 강 아멜레테스에서 진을 치고 어떤 그릇으로도 담을 수 없는 그 강물을 마신다. 이 강물은 망각의 물로서 현명한 영혼은 적정량을 마시지만 그렇지 못한 자들은 너무 많이 마신다. 다른 영

그리스 신화에 나오는 운명의 여신들(모이라이).

혼들은 물을 마시고 잠이 들어 한밤중에 출생을 위해 유성처럼 위로 올라가버렸으나 에르만은 그 물을 마시지 못하게 했는데, 어찌된 일인지 갑자기 눈을 떠보니 새벽이 되어 화장용 장작더미 위에 자신이 뉘어 있었다고 한다.

　소크라테스는 "우리가 이 이야기에 설득된다면 이것이 우릴 구제해줄 것이고, 우리는 영혼을 더럽히지 않고 레테의 강을 무사히 건널 수 있을 것이네. 그래서 내가 한 말에 설득되어, 영혼은 불사의 것이며 모든 나쁜 것들과 모든 좋은 것들을 감당할 수 있는 것이라고 우리가 믿게 된다면, 우리는 위로 향하는 길에서 언제나 벗어나지 않고, 현명함을 동반한 정의를 모든 방법을 다해 실천하게 될 것이네. 그래야만 이 세상에 머무르는 동안에도, 그리고 경기의 우승자들이 상을 그러모으듯이 우리가 정의의 상들을 거두어들일 때도, 우리는 우리 자신과도 친구가 되고 신들과도 친구가 될 수 있을 것이네. 또한 이 세상에서도, 우리가 이야기했던 천년의 여정에서도 우리는 잘 지내게 될 것이네"(621c)라는 말로 『국가』의 이 긴 이야기를 마친다.

3장

철학의 이정표

『국가 · 정체』
플라톤, 박종현 역주, 서광사, 2005

플라톤의 『국가』와 함께 읽기에 좋은 책으로 『국가』를 소개하는 일은 생뚱맞아 보인다. 하지만 지금까지 필자가 소개한 책은 플라톤이 쓴 『폴리테이아』이고, 이제 소개할 책은 그 책을 우리말로 옮긴 박종현의 『국가 · 정체』이다. 번역자의 임무는 출발어로 쓰인 원본의 내용을 고스란히 도착어로 옮기는 것이라고 당연히 생각할 수 있지만, 그 일은 쉽지도 않고 심지어 불가능할 수도 있다. 번역은 반역이라는 오래된 번역계의 역설까지 들먹이지 않더라도, 고전 중의 고전이라고 할 수 있는 플라톤의 『국가』를 제대로 번역하는 일은 그의 사상과 삶에 대한 깊이 있는 이해과 해석이 뒷받침되어주지 않고서는 꿈꿔볼 수 없는 일이다.

성균관대학교 철학과의 고대철학 전담교수인 박종현 교수

는 원전 번역이 척박했던 1995년에 『국가』를 처음 번역했다. 그 이후 여러 차례의 수정을 했고, 2005년에는 '옥스퍼드 고전 텍스트(Oxford Classical Texts)'에서 2003년에 나온 슬링스(S.R. Slings)의 새로운 『국가』 텍스트에 의거해 번역을 수정하고 주석을 보완했다. 그런 점에서 플라톤 연구에 평생을 바친 박종현의 번역은 『국가』에 담긴 플라톤의 생각을 더듬어갈 여정의 동반자로 삼기에 부족함이 없다.

박종현의 『국가』 이후 천병희의 번역이 나왔고, 내가 속한 정암학당에서도 플라톤 전집 번역의 일환으로 나를 포함한 4명의 공역으로 『국가』를 번역 중이다. 필자이자 역자인 입장에서는 우리의 번역을 소개했으면 좋겠으나 아직 번역 작업이 마무리되지 못해 아쉬울 따름이다.

숱한 그리스 고전을 번역한 천병희의 『국가』 번역본도, 문학을 전공한 이의 번역으로서 우리말이 자연스럽고 읽기 편한 것이 장점일 수 있다. 그러나 『국가』처럼 한 번도 읽지 않은 사람은 있어도 한 번 읽고 마는 사람은 없는 고전은 두고두고 새겨읽어야 하기에, 한 글자 한 글자에 공을 들여 가급적 일관된 번역어를 선택해야 한다. 박종현의 『국가』는 일관된 번역어를 견지하고 풍부한 주석을 갖췄다는 점에서 추천할 만하다. 게다가 이 번역서에는 필생에 걸친 역자의 플라톤 연구의 정수를

담은 「플라톤의 생애와 사상」이 수록돼 있어, 플라톤에 대한
큰 그림을 갖고 책을 시작할 수 있다.

『국가──훌륭한 삶에 대한 근원적인 성찰』
김영균, 살림, 2008

충실한 번역서가 있어도 『국가』로 가는 길은 험난하다. 그러나 험난한 것만큼이나 기화요초와 기암절벽이 곳곳에 있어 절경을 이루는 것이 『국가』이기도 하다. 그래서 경험 많고 노련한 안내자가 함께하면서 험한 길도 미리 일러주어 발걸음을 조심스럽게 하고 절경이 있는 곳에서는 한동안 머물러 구석구석 들여다봐주게 해주는 것이 좋다. 청주대학교 철학과에서 정년 퇴임한 김영균 교수의 이 책은, 이런 점에서 『국가』에 대한 어떤 해설서보다도 친절하고 자세한 가이드북이다. 이 책이 나올 당시에는 『국가』의 내용을 해설해주는 책이 없었다. 이제는 이런저런 종류의 해설서들을 국내 학자들이 내놓았지만, 『국가』의 내용을 꼼꼼하게 소개하고 저자 자신의 균형 있는 해석을 곁들이고 논란이 되는 부분에 대한 자세한 연구 동향까지 곁들여주는 책으로는 여전히 이 책이 독보적이다. 어떤 점에서는 내가 쓰고 있는 이 책과 김영균 교수의 책은 일정 부분 성격이 겹칠 수 있다. 하지만 앞에서 밝혔듯이 이 책은 일종의 플라톤 읽기 예제의 성격으로 『국가』 1권을 심층 소개하고, 이후에는 1권의 내용을 확장해 후속 권을 이해할 수 있는 단서의 수준으로 정리한 것이라서, 『국가』 전체에 걸친 안내서로는 김영균의 책이 제격이다. 저자는 재직했던 청주대에서 매년 『국가』 수업을 10년 이상 계속하며 학생들을 가르쳤던 경험으로 『국가』를 읽으면서 겪는 어려움이나 흥미를 느낄 지점들을 잘 파악해 이 책에 잘 반영했기 때문에, 이 책을 동반자 삼아 『국가』를 읽으면서 받는 도움이 적지 않을 것이다.

이정호 교수와 함께하는 플라톤의『국가』
《시대와 철학》연재물(2018년 8월~)

　　현재 책으로 출간된 것은 아니지만, 1권을 해설하는 대목
에서 출처를 밝혔던 인터넷 연재물이다. 이정호 교수는 한국방
송대 문화교양학과에서 정년퇴임한 서양 고대철학 전문가이
며, 이 연재물은 정암학당에서 2018년 8월 1일부터 매주 수요
일에 강의했던 내용을 정리해 한국철학사상연구회의 웹진《시
대와 철학》(http://ephilosophy.kr/han/)에 연재한 글이다. 코로나로
인해 2020년 3월 19일자로 연재 중단되어『국가』3권 후반부
까지밖에 진행되지 못했다. 하지만 중단된 강의의 마지막 강
의가 40강으로, 3시간짜리 강의 40강 동안『국가』중 3권을 채
마치지 못했다. 여기서 알 수 있듯이, 굉장히 자세하고 심층적
으로『국가』를 소개하고 분석하고 해석하는 강의이다. 비록 현
재는 중단되어 있지만 이 강의가 완결된다면『국가』에 대한 다

양한 정보가 총집결된 저수지가 될 것이다. 이정호 교수의 강의는 무엇보다도 플라톤을 배출한 그리스 문화에 대해 기회가 있을 때마다 자세하게 설명하고 있어 그리스에 대한 기초 지식과 심층 지식 모두를 얻을 수 있다. 또한 이 강의는 『국가』를 한 글자 한 글자씩 세세하게 분석하고 앞뒤의 문맥을 상세히 비교해가며 진행된다. 그래서 이 강의는 앞으로 나아가는 만큼이나 뒤로 다시 돌아가는 강의이다. 그런 만큼 쉽고 자세하면서도, 어려운 부분이라고 비켜가지 않고 문제에 직면하여 본인의 해석을 강하게 제시하는 강의이기도 하다.

이정호 교수는 우리 사회의 진보적 학술 운동에 앞장선 한국철학사상연구회의 이사장을 역임했듯이, 본인 역시 연구자로서 진보적 사회 운동의 관점에서 『국가』를 독해하는 데 중점을 두고 있다. 이것은 『국가』를 박제된 고전이 아니라 여전히 우리 사회를 날카롭게 해부할 수 있는 날이 선 칼로 벼리는 작업이다. 이러한 이정호 교수의 작업은 『국가』라는 오래된 청동거울을 잘 닦아 현재 우리 사회의 민낯을 여실히 비춰준다. 또한 이 청동거울에서 나오는 빛으로 우리 사회가 나아가야 할 길 역시 잘 밝혀주고 있다.

**『고대 도시』 퓌스텔 드 쿨랑주, 김응종 옮김
아카넷, 2000**

　비록 절판되기는 했지만, 플라톤의 『국가』를 이해하기 위
해서 이 책을 꼭 추천하고 싶다. 저자 퓌스텔 드 쿨랑주는 우리
에게는 많이 알려진 학자가 아니지만, 스트라스부르대학, 에콜
노르말, 소르본대학의 교수를 역임한, 프랑스를 대표하는 역사
가이다. 저자는 1830년생으로 당시는 서양 고대에 대한 근대
적 학문 연구가 발흥하던 시기라 아직 고고학적 발굴이 충분
하지 못했다. 하지만 저자는 방대한 문헌 지식에 토대를 둔 해
석과 추론으로 고대 도시의 성립과 몰락의 과정을 추적했다.

　플라톤이 살았던 아테네가 그랬고, 『국가』에서 플라톤이
건설하고자 했던 나라 역시 폴리스가 원형이었다. 도시국가로
흔히 번역되는 폴리스는 미케네 문명의 몰락 이후 400년 가까
이 지속된 암흑기를 깨우고 등장한 새로운 도시 문명이었다.
근대의 도시나 국가와는 또 다른 고대의 이 도시 문명을 이해

하지 않고서는 플라톤의 『국가』에 대한 촘촘한 이해가 어려울 것이다. 퓌스텔이 비록 그리스와 로마의 도시를 묶어서 설명하기 때문에 그들이 등장한 배경과 구성의 차별점은 상당 부분 무시되고 있는 아쉬움은 있다. 하지만 고대 도시의 성립에 작용하는 독특한 역사 과정을 상세히 분석하고 있다는 점에서 이 책은 꼭 읽고 넘어가야 할 필독서로 꼽힌다.

고대 도시의 성립에 대한 그의 가설은 고대 도시가 조상 숭배의 가족 종교에서 출발하며 고대의 법과 소유권 개념을 비롯한 온갖 제도도 여기에 근간을 두고 있다는 것이다. 이 종교는 배타적이며 이 종교의 수장은 가부장이고 그 지위는 장자로 계승되고, 차남 등 그밖의 가족 구성원들은 그의 휘하에 들어 로마의 피호인(clientes)들이 그렇게 발생했다는 것이 그의 설명이다. 그밖에 이 가족 종교의 바깥에 있는 자들은 가족 구성원으로 치는 노예보다도 못해 법의 보호를 받지 못했으며, 로마의 민중(populus)과 평민(plebs)의 구별이 여기에 기인한다고 한다. 가족에 바탕을 둔 혈족집단이 다시 합쳐져 폴리스를 이룰 때에도 폴리스를 통합할 도시 종교가 필요했으며 그 종교의 제사장이 바로 왕이었다. 따라서 초기에는 정치적 권력이 없고 통합된 폴리스에서 귀족계급이 되는 가족 종교의 수장이 실질적인 왕이 되었다고 한다. 고대 초기의 도시국가는 그래서 귀족들의 연합체였다고 그는 말한다. 종교에 근간을 둔 도시 국가는 신앙심이 변하고 로마가 거대 제국을 형성하자 정복된 도시들이 로마화되면서 소멸했다고 퓌스텔은 말한다. 이 책의 설명을 통해서 우리는 플라톤과 아리스토텔레스가 공유한 폴리스에 대한 강한 집념, 도시를 관통하는 종교적 믿음, 우리로서는 이해하기 힘든 복잡한 사회 계급과 법적 체계 등에 대한 통찰을 얻을 수 있다.

다섯 번째 이정표

『국가의 신화』 에른스트 카시러, 최명관 옮김
창, 2013

　　카시러는 독일의 신칸트학파에 속하는 철학자로서 칸트
의 철학을 문화에 도입한 문화철학자로 유명한 사람이다. 유
대인으로서 그는 제2차 세계대전 당시 히틀러의 박해를 피해
독일을 떠나 영국, 스웨덴, 미국에서 망명 생활을 했다. 전체주
의 국가의 잔혹함을 목격한 그는 이 사회의 기원을 원시적이
고 신화적인 사유로까지 추적해 설명하고자 한다. 결론적으로
말하면 카시러는 나치의 기원을 인간 이성의 어두운 부분으로
설명하려 했던 다른 학자들과 달리, 나치즘은 신화의 정치적
변형일 뿐이라고 주장한다. 그래서 그는 한편으로는 신화적 사
유에 대한 기존 신화학자들의 주장을 비판적으로 검토하고, 다
른 한편으로는 출생 초기부터 신화에 대한 반대 투쟁을 해온
철학의 역사를 추적한다. 그리고 나치즘에 젖줄을 댄 것으로

지목당한 철학들을 점검함으로써 그 지목의 부당성과 과장을 적시한다.

제2차 세계대전 이후 서구 학자들은 나치즘이 발흥할 수 있었던 사상적 기원을 찾는 데 총력을 기울였다. 그중 대표적인 철학자가 카시러고, 카시러와 대척점에 있는 철학자가 칼 포퍼이다. 칼 포퍼는 그의 『열린 사회와 그 적들』에서 나치즘의 기원을 철학의 역사주의라고 보고 그 장본인으로 헤라클레이토스와 플라톤을 지목하면서 헤겔을 비판한다. 포퍼의 책은 스캔들에 가까운 반향을 일으켰고, 지금도 플라톤을 전체주의자로 지목하는 시각은 잔존한다. 물론 플라톤의 『국가』에는 오늘날의 자본화된 개인주의로는 도저히 수용할 수 없는 개인과 전체 간의 관계 설정이 있다. 그러나 고전학자들의 입장에서 볼 때 포퍼의 시각은 플라톤이 설정한 개인과 전체 간의 공생 관계를 지나치게 전체에 초점을 두고 과장했다. 그런 과장은 텍스트를 충실하게 독해하지 못한 문제로 드러난다고 볼 수 있다. 이에 반해 카시러는 철학의 입장을 상당히 충실하게 대변하고 있으며, 텍스트의 독해 역시 꼼꼼하다. 민주주의의 넘치는 자유가 파시즘으로 이어질 수 있다는 플라톤의 경고를 한낱 빛바랜 철학자의 헛소리로만 듣지 않으려면, 오늘날 우리는 카시러와 포퍼의 논쟁에 귀 기울여야 할 것이다.

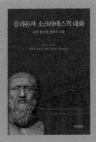

『플라톤과 소크라테스적 대화』
찰스 칸, 박규철 외 옮김, 세창출판사, 2015

플라톤의 대화편들에서 철학적 영웅은 소크라테스다. 그는 대략 28편에 달하는 플라톤의 작품들 중『법률』을 제외한 모든 대화편에 등장하며,『정치가』와『소피스트』를 제외한 모든 대화편에서 대화를 주도한다. 그는 기원전 470년경에 태어나 플라톤의 나이 28세, 그의 나이 70세에 아테네에서 재판을 받아 사형을 당했다. 플라톤이 그를 만난 지 10년 만이었다. 플라톤은 젊어서 정치가를 꿈꿨고, 비극 작가로 세상의 무대에 등장하려 했으나 소크라테스를 만나 자신의 비극 작품들을 불태웠다고 전해진다. 그는 아테네의 유력한 가문 출신으로서 소크라테스의 죽음 이전까지 정치가의 꿈을 접지 않았다. 하지만 그는 소크라테스의 사형을 목도하고 한두 사람의 정치적 노력으로 이 세계를 바로잡을 수 없다고 판단해 철학자의 길로 접어들었다고 한다. 소크라테스를 떼어놓고는 이런 그의 철학을 상상할 수 없으니 우리는 플라톤을 이해하기 위해서 소크라테스를 알아야 한다. 그런데 소크라테스는 생전에 글을 남기지 않아 우리는 소크라테스의 사상을 플라톤이나 그의 또 다른 제자 크세노폰의 글을 통해서 접할 수밖에 없다. 하지만 크세노폰은 접어두고라도 플라톤과 같은 대가의 글에서 우리가 소크라테스의 온전한 사상을 추려낼 수 있을까? 이런 문제에서 찰스 칸의 책은 출발한다.

찰스 칸은 원칙적으로 플라톤의 책에서 소크라테스의 사상만을 추출해내기란 불가능하다고 말한다. 그것은 단지 플라톤의 위대함 때문에 소크라테스가 왜곡되기 때문만이 아니라 사태의 사실성보다 본질을 더 중시하는 그리스인들의 성향 탓이라고 본다. 그래서 그가 제안하는 방법은 그래도 플라톤이 가장 사실을 무시하기 힘들었을 소크라테스의 재판 상황을 담은 대화편 『소크라테스의 변론』을 출발점으로 잡자는 것이다. 칸은 이 대화편을 소크라테스에 대한 대화편들을 남긴 다른 저자들의 글들과 비교하고 분석하여 이후 플라톤의 대화편들에 반복적으로 등장하고 변주되는 주제들을 찾아낸다. 그리고 이후의 대화편들을 통해서 플라톤이 이 주제들을 어떻게 발전시켜나갔는지를 추적한다. 한마디로 말해 플라톤에게 소크라테스는 철학 자체였고, 자신의 스승이 어떻게 저렇게 행동하고 말할 수 있었는지를 밝혀내는 게 그의 철학적 탐구 주제였다고 말할 수 있다. 플라톤의 소크라테스 읽기를 추리소설의 탐정처럼 퍼즐 맞추기로 풀어간 찰스 칸의 이 책을 추천한다.

생애 연보

BC 428년 또는 427년, 아테네에서 태어나다. 아버지는 아리스톤, 어머니는 페릭티오네로 모두 아테네의 명문가이다. 어린 시절부터 청년기까지는 아테네가 전쟁과 정치적 격변 속에 휘말려 있던 시기이다.

BC 404년 펠로폰네소스 동맹군에 패한 결과, 스파르타의 뤼산드로스의 강요로 인한 정권으로 아테네에 30인 과두정이 수립되다. 여기에는 외삼촌 카르미데스와 외당숙 크리티아스가 포함되고, 이들이 플라톤에게 정치 입문을 권유하다.

BC 403년 아테네에서 민주정이 회복되다.

BC 399년 아테네 민주정이 공정한 정치를 하는 듯했으나 소크라테스를 처형하다. 소크라테스의 나이 70, 플라톤의 나이 28세.

BC 399년 387년까지 지중해 근방을 여행하다. 이 시기에 초기 대화편을 저술하다.

BC 387년 이후, 아테네에 아카데미아 학원을 설립하다. 그리스의 근본적 개혁을 위해 필요한 참된 지성인들의 집단적 양성을

목표로 하다. 아리스토텔레스가 17세(기원전 367)에 이
학원에 입문하다.

BC 387년 이 시기부터 367년까지 중기 대화편을 저술하다.

BC 367년 디오뉘시오스 2세의 철학 스승으로 시라쿠사로 여행
하다.

BC 361년 시라쿠사에 두 번째로 방문하다.

BC 360년 아테네 귀환 이후 활발하게 학문 활동을 하다. 이후 후기
대화편을 저술하다.

BC 348년 80세의 나이로 『법률』을 끝까지 저술하다 사망하다.

참고 문헌

- 우리말 원전 번역

『국가·정체』, 박종현 역주, 서광사, 2005.

『국가』, 천병희 옮김, 숲, 2013.

- 김영균, 『국가──훌륭한 삶에 대한 근원적인 성찰』, 살림, 2008.

아리스토텔레스, 『수사학』, 천병희 옮김, 숲, 2017.

아리스토텔레스, 『정치학』, 김재홍 옮김, 길, 2017.

아우구스티누스, 『신국론』 1,2,3, 성염 옮김, 2004.

찰스 칸, 『플라톤과 소크라테스적 대화』, 박규철 외 옮김, 2015.

크세노폰, 『소크라테스 회상』, 김주일 옮김, 아카넷, 2021.

크세노폰, 『헬레니카』, 최자영 옮김, 아카넷, 2012.

카시러, 『국가의 신화』, 최명관 옮김, 창, 2013.

칼 포퍼, 『열린 사회와 그 적들』, 이한구 옮김, 2006.

키케로, 『국가론』, 김창성 옮김, 한길사, 2021.

토머스 모어, 『유토피아』, 김남우 옮김, 문예출판사, 2011.

퓌스텔 드 쿨랑주, 『고대 도시』, 김응종 옮김, 아카넷, 2000.

플라톤, 『편지들』, 강철웅·김주일·이정호 옮김, 2021.

플라톤, 『티마이오스』, 김유석 옮김, 아카넷, 2019.

한나 아렌트, 『인간의 조건』, 이진우 옮김, 한길사, 2019.

호메로스, 『일리아스』, 천병희 옮김, 숲, 2015.

호메로스, 『오뒤세이아』, 김기영 옮김, 민음사, 2022.

EBS 오늘 읽는 클래식

플라톤의 국가

1판 1쇄 발행 2022년 12월 5일

지은이 김주일

펴낸이 김유열 | 지식콘텐츠센터장 이주희
지식출판부장 박혜숙 | 지식출판부·기획 장효순, 최재진
마케팅 최은영, 이정호 | 인쇄 윤석원
북매니저 윤정아, 이민애, 정지현

책임편집 엄윤주 | 디자인 정계수 | 일러스트 최광렬 | 인쇄 재능인쇄

펴낸곳 한국교육방송공사(EBS)
출판신고 2001년 1월 8일 제2017-000193호
주소 경기도 고양시 일산동구 한류월드로 281
대표전화 1588-1580 | 홈페이지 www.ebs.co.kr
이메일 ebs_books@ebs.co.kr

ISBN 978-89-547-7160-3 04100
      978-89-547-6188-8 (세트)

ⓒ 2022, 김주일